Brilon
Diemelsee
Bestwig
Ruhr
Medebach
Winterberg

Schleswig-Holstein
Mecklenburg-Vorpommern
Hamburg
Bremen
Niedersachsen
Berlin
Sachsen-Anhalt
Brandenburg
Nordrhein-Westfalen
Hessen
Thüringen
Sachsen
Rheinland-Pfalz
Saarland
Bayern
Baden-Württemberg

Tanja Klose

Abenteuer im Sauerland

Lilly, Nikolas und die verschwundenen Ponys

Illustrationen von Sabrina Pohle

Biber & Butzemann

MIX
Papier | Fördert
gute Waldnutzung
FSC® C023164
FSC
www.fsc.org

Klimaneutral
Druckprodukt
ClimatePartner.com/14701-2006-1001

Besuchen Sie uns im Internet unter www.biber-butzemann.de,
auf facebook.com/biberundbutzemann oder
auf instagram.com/biberundbutzemann.

Hinweis: Ausstellungen in Museen wechseln und auch bei anderen Sehenswürdigkeiten gibt es regelmäßig Veränderungen, darum sind alle Angaben ohne Gewähr.

Für Milana

Copyright
Kinderbuchverlag Biber & Butzemann
Geschwister-Scholl-Str. 7
15566 Schöneiche
1. Auflage, 2022

Bibliografische Information der Deutschen Bibliothek
Die Deutsche Bibliothek verzeichnet diese Publikation in der Deutschen Nationalbibliografie; detaillierte bibliografische Daten sind im Internet unter http://dnb.ddb.de abrufbar.

Text: Tanja Klose
Illustrationen: Sabrina Pohle
Layout und Satz: Mike Hopf
Lektorat: Steffi Bieber-Geske, Juliane Jacobsen
Lektoratsassistenz: Dilay Aydincioglu, Kati Bieber, Martina Bieber, Leah Hentschel, Larissa Müller, Michelle Stark
Korrektorat: Carola Jürchott
Druck- und Bindearbeiten: Longo SPA | AG, Bozen
ISBN: 978-3-95916-098-8

Inhalt

1

Pferde, Hühner, Rehe und Co.

„Hilfe, sie kommen!“, rief Lilly lachend. Nach unzähligen Runden „Wörter aus Kennzeichen raten“, hatten sie ihren Urlaubsort fast erreicht. „Schau mal, da vorn ist schon wieder ein HSK.“

„Kein Wunder, unsere Urlaubsregion liegt ja auch im HSK. Das steht für Hochsauerlandkreis“, warf Papa ein.

Endlich. Hügelauf, hügelab schlängelten sich die Straßen durch die Sauerländer Landschaft, und die vier Urlaubsgäste erreichten am frühen Nachmittag Wenholthausen, einen Ortsteil von Eslohe. Ein Schild mit einem großen Hufeisen, einer lachenden Sonne und der Aufschrift „Herzlich willkommen auf dem Sonnenhof“ begrüßte sie an der Einfahrt des Bauernhofs.

„Oh, schaut mal, dort sind schon die ersten Ponys!“, sagte Lilly begeistert, als sie die Pferde auf der benachbarten Wiese erblickte.

Papa parkte direkt am Rande des Hofs, stieg aus und streckte sich. „Alle aussteigen, wir sind da!“

Das große Bauernhaus strahlte weiß in der Sonne. „Die roten Blumen vor den Fenstern sehen aber toll aus!“, schwärmte Mama.

„Da hinten ist bestimmt der Stall!“, rief Lilly aufgeregt und zeigte auf ein flaches Nebengebäude mit vielen kleinen Fenstern. Nikolas nickte zustimmend.

„Der Hof sieht wirklich einladend aus! Und wir haben einen perfekten Parkplatz, hier im Schatten unter dem großen Baum“, freute sich Papa und öffnete den Kofferraum.

„Lass das große Gepäck im Auto, wir schauen erstmal, wo wir hinmüssen“, schlug Mama vor.
Gerade als die vier über den Hof gehen wollten, öffnete sich die Scheunentür. Ein hochgewachsener Mann trat heraus und kam auf sie zu. „Hallo zusammen, ich bin Harry Schrader. Ihr seid wohl unsere neuen Feriengäste?“
Lilly und Nikolas nickten erfreut. Papa stellte sie kurz vor.
„Ich hole schnell meine Frau, die zeigt euch, wo ihr hinmüsst“, sagte Harry.
Währenddessen trat bereits eine blonde Frau mit einem geflochtenen Zopf über der Schulter aus dem Haus. Sie lächelte. „Willkommen, ich bin Gerti Schrader. Da habt ihr aber eine lange Anfahrt gehabt, woll? Ich zeige euch eure Wohnung.“ Sie ging voraus zu einem zweistöckigen Nachbargebäude mit bunten Blumen vor den Fenstern. „In den nächsten zehn Tagen wohnt ihr in unserem gemütlichen Fuchsbau. Ich hoffe, er gefällt euch.“
Die Geschwister kicherten über den Namen. „Na, Bruderfuchs!“, sagte Lilly scherzhaft.
„Haha, selber Schwesterfuchs!“, witzelte Nikolas zurück.
Sie betraten die helle, geräumige Wohnung und sahen sich um. Nikolas schmiss seinen Rucksack auf das bequeme Ecksofa und erntete einen warnenden Blick von Papa. Lilly riss gespannt die ersten Türen auf, um sich die Schlafzimmer anzuschauen.
„Zwei Betten, ein kleiner Schreibtisch, frische Blumen und Pferdebilder an der Wand. Das ist doch gemütlich!“, kommentierte Mama, die über die Schulter ihrer Tochter ins Kinderzimmer blickte. Lilly nickte und rief Nikolas zu sich. „Wer schläft wo?“

„Sehr schön!“, sagte Papa, als auch er sich umgesehen hatte.

Die Hofbesitzerin lächelte. „Das freut mich. Direkt nebenan wohnen zwei weitere Gäste, die sind allerdings heute unterwegs. Das Mädchen müsste ungefähr in deinem Alter sein, Lilly. Kommt erstmal an, packt aus, und dann zeige ich euch später gern den Hof.“ Damit verabschiedete sich Gerti von ihnen, und sie holten das restliche Gepäck.

Nachdem alles weggeräumt war, hielt die Geschwister nach der langen Fahrt nichts mehr im Haus.

„Möchtet ihr euch erst den Hof anschauen, oder sollen wir zunächst die Gegend erkunden?“, wollte Mama wissen.

„Erst den Hof! Ich möchte unbedingt die Pferde sehen“, bat Lilly aufgeregt.

„Ach kommt, lasst uns erst eine Runde spazieren gehen“, schlug Papa vor.

„Och Menno!“, antwortete sie enttäuscht und zog die Mundwinkel nach unten.

„Wir brauchen ja keine große Runde gehen, aber uns ein bisschen die Beine vertreten nach der langen Fahrt“, erwiderte Papa.

Sie verließen die Wohnung und trafen auf dem Hof auf Harry. Dieser empfahl ihnen eine schöne Runde am Wildgehege entlang und erklärte ihnen den Weg.

„Und wenn ihr dann noch einen Abstecher machen wollt, könnt ihr am Ende der Habbeckestraße zum *Lauschgeist* gehen. Das ist die riesige Skulptur eines Kopfes – aber keine Sorge, der läuft euch nicht weg.“

So machten sich die vier auf den Weg. Die schmale Teerstraße führte sie vorbei an saftig grünen Wiesen, auf denen Pferde grasten und Kühe faul in der Sonne lagen.

„Schaut mal, da oben am Hang stehen zwei Ponys im Schatten, die wollen wohl keinen Sonnenbrand kriegen!“, scherzte Lilly.

Sie erreichten einen Spielplatz. „Cool, der hat sogar eine Seilbahn!“, rief Lilly und flitzte los. Nikolas rannte ihr hinterher. Nachdem die beiden auch noch eine Runde geschaukelt hatten, spazierte Familie Sonnenschein weiter.

Kurz darauf folgte bereits das Damwildgehege, wo sie die zahmen Tiere mit Gras fütterten.

Nach einer Stunde hatten sie den Spaziergang fast hinter sich gebracht, und Mama fragte: „Wollt ihr noch zu diesem *Lauschgeist* gehen oder lieber zurück auf den Hof?“

„Bitte zu den Ponys. Zu dem Geist können wir immer noch!“, bettelte Lilly.

So kehrte die Familie zurück und ließ sich von Gerti den Sonnenhof zeigen. In den Stallungen befanden sich zwei Pferde sowie nebenan einige Schafe in einem offenen Stall. Auf den benachbarten Wiesen grasten Dutzende Pferde. „Dort hinten sind unsere beiden Reitponys Lisa und Moritz“, sagte Gerti und wies auf ein dunkelbraunes und ein schwarz-weiß gechecktes Tier.

„Oh, cool, dürfen wir die auch mal reiten?“, fragte Lilly.

Gerti nickte lachend und berichtete, dass die Ponys an diesem Tag schon auf einem langen Ausritt unterwegs waren. „Aber morgen können wir das nachmittags gern einplanen. Habt ihr denn schon Reiterfahrung?“, wollte Gerti wissen.
Lilly und Nikolas nickten gleichzeitig. „Ja, wir haben schon öfter Urlaub auf dem Bauernhof gemacht, und da sind wir auch immer mal geritten“, berichtete Nikolas. „Wir sind vielleicht keine Profis, aber können uns durchaus im Sattel halten, oder, Lilly?“
„Stimmt! Weißt du noch, in unserem Urlaub auf Rügen und im Münsterland? Du kannst dich im Sattel halten, ich bin nach einigen Reitstunden inzwischen sogar ganz gut“, sagte sie stolz.
Schließlich erreichten sie den riesigen Garten. Hier gab es unterschiedliche Spielgeräte, ein Trampolin, einige Liegestühle und Hängematten. Jenseits des Gartens zeigte Gerti ihnen den Hühnerstall, wo sie in den nächsten Tagen helfen konnten, die Eier einzusammeln.
„Zeit fürs Abendessen“, rief Mama nach der Besichtigung über den Hof. Lilly und Nikolas winkten Gerti zu und folgten ihren Eltern in den Fuchsbau. Während sie sich über den mitgebrachten Nudelsalat und die Brötchen hermachten, besprachen sie die Pläne für den nächsten Tag.
„Habt ihr Lust, morgen mit einem Museum oder einer Burg zu starten?“, stellte Papa den Kindern zur Auswahl.
„Burg!“, rief Nikolas wie aus der Pistole geschossen.
Lilly nickte mit vollem Mund. Nachdem sie hinuntergeschluckt hatte, stimmte sie ihrem Bruder zu. „Auf jeden Fall erst zur Burg!“
„Alles klar! Dann fahren wir morgen nach Altena und schauen uns die Burg an. Vor Ort können wir ja schauen, ob sich das mit einem spannenden Museumsbesuch verbinden lässt.“

2

Verschwundene Ponys und eine abenteuerliche Aufzugfahrt

Am nächsten Tag war Familie Sonnenschein ungewohnt früh auf den Beinen. Ein Ausflug zur *Burg Altena* stand auf dem Programm. Diese galt als eines der Wahrzeichen der Region. Nach dem Frühstück packten sie schnell eine Tasche mit Proviant, und schon konnte es losgehen.

Als sie aus der Haustür traten, trafen sie auf Gerti, die hektische rote Flecken im Gesicht hatte und ganz aufgeregt über den Hof eilte. „Ist alles in Ordnung?“, fragte Mama besorgt.

„Nein! Ich kann es immer noch nicht glauben, aber unsere beiden Reitponys Lisa und Moritz sind nicht mehr auf ihrer Weide“, schimpfte Gerti aufgebracht.

Sie erklärte, dass sie die beiden Ponys an diesem Vormittag schon früh zum Stall holen wollte, weil sich für neun Uhr die ersten Reiterinnen angemeldet hatten. Als sie zur Wiese kam, war das Gatter geschlossen, aber die Ponys waren verschwunden.

„Wie, verschwunden?“, fragte Nikolas ungläubig.

„Und das ausgerechnet hier bei uns, wo man eigentlich ganz unbesorgt die Haustüren unverschlossen lassen kann. Jeder kennt jeden. Solange ich denken kann, ist nie etwas gestohlen worden“, jammerte die Hofbesitzerin. „Mein Mann ist bereits mit zwei Angestellten auf der Suche, und ich wollte jetzt gleich auch los, nachdem ich bei der Polizei angerufen habe. Dann schüttelte sie leicht den Kopf, als wollte sie

sich zur Ordnung rufen, straffte die Schultern und meinte zu Familie Sonnenschein: „Aber jetzt macht ihr erst mal euren Ausflug, und vielleicht sind die Ponys ja wieder aufgetaucht, wenn ihr zurück seid."
Die Kinder gingen mit hängenden Schultern zum Auto. „Ich hatte mich so auf das Reiten gefreut!", sagte Lilly traurig. „Hoffentlich ist den Ponys nichts passiert!"
„Warte erstmal ab, vielleicht sind die beiden heute Abend wirklich schon wieder da, wenn wir zurückkommen", versuchte Mama ihre Tochter aufzumuntern.
„Aber die können doch nicht einfach verschwinden?", überlegte Nikolas laut. „Und das ausgerechnet an unserem ersten Tag!"
Papa schüttelte den Kopf und bestätigte: „Das ist wirklich ein blöder Zufall!"

So machte sich Familie Sonnenschein auf den Weg Richtung Altena. Etwa eine Stunde später folgten sie der Beschilderung zum Parkplatz. „Schaut mal, dort am Fluss. Seht ihr die Bäume aus Draht?", fragte Mama und deutete zum Wasser.
„Die sehen ja abgefahren aus!", erwiderte Nikolas.
„Draht ist in der Stadt allgegenwärtig, Altena wird auch als Drahtzieherstadt bezeichnet. Bereits im Mittelalter lag hier das Zentrum des deutschen Drahtgewerbes, und der historische Drahthandelsweg führte hier durch", wusste Papa.
Sie fanden auf Anhieb einen freien Platz auf dem großen Parkplatz im Zentrum. „Wir müssen allerdings noch ein Stück zu Fuß gehen, um zur Burg zu kommen", bemerkte Papa. Sie packten ihre sieben Sachen und machten sich auf den Weg.

Während sie durch die Innenstadt spazierten, kehrten Lillys und Nikolas' Gedanken immer wieder zum Hof und zu den verschwundenen Ponys zurück. „Hoffentlich sind Lisa und Moritz heute Abend wieder zurück", überlegte Lilly laut, und Nikolas nickte.
Als sie um eine Ecke bogen, wurden sie jedoch abgelenkt. „Schaut, da oben ist die Burg!", rief Nikolas.
„Aber wie kommen wir denn da hoch?", stutzte Lilly.
„Es gibt zwei Wege zur Burg", sagte Papa. „Man kann den Hügel zu Fuß erklimmen, und es gibt einen *Erlebnisaufzug*, der die Besucher zum alten Gemäuer hinaufbringt. Wir haben uns gedacht, wir fahren mit dem Fahrstuhl hinauf und laufen anschließend wieder hinunter."
„Au ja, *Erlebnisaufzug* klingt spannend", antwortete Lilly und hüpfte aufgeregt los. Wenige Gehminuten später erreichten sie bereits den Eingangsbereich des *Erlebnisaufzugs*. Papa freute sich an der Kasse über das vergünstigte Familien-Kombiticket, mit dem sie auch die *Burgmuseen* und das *Drahtmuseum* besuchen konnten.
Nach einer kurzen Einführung betrat die Familie den abgedunkelten Stollen, der zum Fahrstuhl führte, und begab sich auf Zeitreise durch eine Sagenwelt. Interaktive Mitmachstationen luden zum Ausprobieren ein, und Lilly und Nikolas lauschten gespannt den Erzählungen über sagenumwobene Orte im Sauerland. Sie erfuhren etwas über das *Felsenmeer Hemer*, welches in den nächsten Tagen noch auf ihrem Ferienprogramm stand, anschließend verharrten sie ganz still vor einem animierten Reh-Video.
„Das ist ja lustig! Lilly, komm schnell", rief Nikolas kurz darauf und winkte Lilly zu einem der Erlebnistore über den Fischen. „Die Fische schwimmen weg, wenn du hier draufgehst!"

„Mein Bruder, der Fischjäger!", witzelte Lilly und betrat ebenfalls den Fußboden mit den Wassertieren.

Ruckzuck erreichten sie den eigentlichen Aufzug. „Haha, schaut mal, da warten schon welche!", sagte Mama lachend, als sie um die Ecke bog. Und tatsächlich, hinter einer rot-weißen Kette waren vor dem Aufzug fünf Männer in historischen Gewändern an die Wand projiziert.

Der Fahrstuhl öffnete seine Türen, und Familie Sonnenschein stieg ein. Während der 80 Meter langen Auffahrt wurden sie königlich unterhalten und hatten viel zu lachen. Fast zu schnell erreichten sie das Burggelände. Lilly und Nikolas wären am liebsten gleich noch einmal mit dem Aufzug gefahren, aber hier oben gab es ja noch mehr zu entdecken.

3

Zu Besuch auf der Höhenburg Altena

„Schaut mal da vorn durch das Tor! In dem Teil der Burg kann man übernachten, das ist eine Jugendherberge“, erzählte Mama und wies auf ein Gebäude aus dunklem Mauerwerk. „Die *Burg Altena* ist die älteste Jugendherberge der Welt. Es gibt sie schon seit 1914.“

Papa fragte: „Wollt ihr mal einen richtig schönen Blick auf die äußeren Burgmauern werfen?“

Sie nickten und folgten Papa durch das Tor. Dabei kamen sie an der Jugendherberge vorbei und ließen die Gebäude schließlich hinter sich.

„Wie unbequem eine Kutschfahrt über dieses unebene Kopfsteinpflaster gewesen sein muss“, bemerkte Nikolas.

„Wow, schaut euch das mal an!“, rief Lilly, als sie durch eines der Fenster in der Burgmauer hinunter in die Stadt sah.

Nikolas rannte zu ihr und warf ebenfalls einen Blick durch die runde Öffnung, während Papa fleißig Bilder machte. Als Fotograf hatte er seine Kamera immer dabei. Ihre Blicke fielen direkt auf die unter ihnen liegende Stadt und den Fluss Lenne, der sich durch Altena zog. „Cool!“, rief Nikolas „Von hier aus sieht man, dass die Stadt eigentlich voll grün ist.“

Papa nickte und machte ein letztes Foto von den Häusern rings um den Fluss. Dann folgten sie Mama, die schon ein Stück weitergegangen war.

Sie hielten sich rechts, denn von hier konnte man einen gepflasterten Pfad vor den Außenmauern hinaufgehen. „Was für ein Anblick!“, staunte Mama, während Papa wieder fotografierte. „Das nenne ich mal eine Postkartenperspektive!“

„Kein Wunder, dass die Burg als eine der schönsten Höhenburgen von Deutschland gilt“, dachte Papa bei dem Anblick laut.
„Was ist denn eine Höhenburg?“, wollte Lilly wissen.
Ihr Bruder verdrehte die Augen. „Das sind Burgen, die auf Hügeln oder Bergen gebaut wurden. In der Höhe halt!“
„Es hat halt nicht jeder unzählige Bücher über Ritter und Burgen gelesen, so wie du!“, entgegnete Lilly lachend.
Dann wandten sich die vier wieder dem Inneren der Burg zu und gingen zum Burgmuseum. „Papa, müssen wir da wirklich rein?“, wollte Nikolas wissen, als er den wenig aufregenden Namen ‚*Museum Grafschaft Mark*‘ las.
„Wartet erstmal ab.“ Papa zwinkerte ihnen zu. Und er sollte recht behalten. Sie bewunderten die alten, dunklen Holzmöbel vor einer roten Wand, zogen Schubladen mit alten Schriftstücken heraus und inspizierten ein großes Modell der Burg.

„Wow, schaut euch mal diese Wandfliesen dort an!“, sagte Lilly und wies auf einen riesigen Kamin. Sie ging ganz nah heran und bestaunte die Fliesen.
„Stimmt, da sind ja ganz viele unterschiedliche Motive drauf!“, bemerkte Nikolas und betrachtete ebenfalls die weißen Kacheln mit den schwarzen Zeichnungen. Es gab Schiffe und jede Menge Häuser, aber auch eine Brücke war abgebildet.
Über eine Treppe gelangte die Familie in den oberen Teil der Ausstellung. In diesem großen Raum gab es eine ganze Reihe von ausladenden, glänzenden Glaskästen, in denen geläufige Redewendungen geschrieben standen. Zu jeder gab es einen passenden Gegenstand und die entsprechende Erklärung. Selbst Papa und Mama staunten über manche Bedeutungen nicht schlecht.
Nikolas rief lachend: „Mensch, Lilly, kannst du nicht mal einen Zacken zulegen!“ und zeigte auf die entsprechende Vitrine.
„Ich will hier doch nicht durchhecheln“, konterte Lilly mit Blick auf eine andere Vitrine, und die ganze Familie lachte.
Nachdem sie sich eine Weile mit der Herkunft der Redewendungen beschäftigt hatten, stiegen sie die schmale Wendeltreppe wieder hinab und kamen zu der kleinen Burgkapelle.
„Schaut mal, die vielen Holzfiguren!“, sagte Papa und deutete auf den Altar. Es gab auch zwei bunte Fensterchen und zahlreiche Heiligenbilder.
„Wie wäre es mit mittagessen?“, schlug Mama vor, als sie zurück in den Innenhof der Burg liefen, und erntete von allen Seiten Begeisterung. Sie überquerten den Burghof und nahmen im Schatten von Bäumen an den Picknicktischen Platz, um ihre mitgebrachten Sandwiches zu vertilgen.

„Kaum vorstellbar, dass hier fast 900 Jahre Geschichte in den Burgmauern stecken!“, überlegte Papa laut.
Bevor sich Familie Sonnenschein auf die Rückfahrt machte, besuchten sie das nahegelegene *Drahtmuseum*. Die Familie war erstaunt zu erfahren, wie das Drahtziehen funktioniert und wo beziehungsweise wofür im Alltag überall Draht benötigt wird.
„Eine Gondel hat was mit Draht zu tun?“, fragte Mama erstaunt. Und nickte bestätigend, als sie näher an das Ausstellungsstück herantrat. „Stimmt, das hätte ich jetzt gar nicht in den Zusammenhang gebracht!“, kommentierte sie.
„Nikolas, schau mal, das witzige Telefon mit der Micky Mouse!“, rief Lilly ihrem Bruder zu, kurz nachdem die vier das Museum betreten hatten.
„Das ist ja cool! Funktionierte das wirklich mal?“, wollte er wissen.
„Klar, wieso nicht?!“, antwortete Papa und schmunzelte über die bunte Auswahl der ausgestellten Telefone. Er schaute Mama an und sagte: „Da werden Erinnerungen wach, was?“
Mama nickte. „So ein grünes Telefon mit Drehscheibe hatte Oma früher auch.“
Die Kinder taten so, als hätten sie ein riesiges Telefon in der Hand und hielten sich den imaginären Hörer an das Ohr. „Hallo, hallo, Oma, bist du es?“, fragte Nikolas mit verstellter Stimme. Alle lachten.
Auch in den nächsten Ausstellungsräumen gab es jede Menge zu entdecken. Die Familie betrachtete alte Maschinen, große Drahtspulen, jede Menge Bilder und sogar ein beleuchtetes Drahtkleid.
„Wow, dieses Kleid ist der Hammer!“, schwärmte Lilly fasziniert.
„Und dort sind ganz viele Figuren in unterschiedlichen Positionen über der Tür! Die machen vielleicht komische Verrenkungen!“, rief Nikolas.

„Gut erkannt! Die sind ja wirklich alle aus Draht. Sehen die lustig aus!“, bestätigte Mama lachend.

Lilly und Nikolas konnten es kaum erwarten zu erfahren, ob die Ponys wieder aufgetaucht waren. Auf der Rückfahrt zum Ferienhof stand jedoch zunächst noch einkaufen auf dem Programm. Am späten Nachmittag waren die Sonnenscheins schließlich zurück auf dem Hof in Wenholthausen. Die Kinder sprangen sofort aus dem Auto und liefen aufgeregt in den Stall. Hier trafen sie auf Harry. „Und, sind die Ponys wieder da?“, wollten Lilly und Nikolas wissen.

„Leider nein, kein Lebenszeichen von beiden“, antwortete der Ferienhofbesitzer kopfschüttelnd. „Wir haben alles in der Umgebung

abgesucht, und Gerti hat den ganzen Tag über immer wieder mit der Polizei gesprochen, aber es gibt leider nichts Neues."

Die Geschwister liefen enttäuscht zurück zu ihren Eltern, die gerade den Einkauf ausluden, und berichteten.

Währenddessen trat Gerti mit einer Frau und einem rothaarigen Mädchen aus dem Haus. „Ach, ihr seid zurück, wie schön! Hat es euch gefallen?"

Nachdem Lilly kurz von ihrem Ausflug nach Altena berichtet hatte, stellte die Hofbesitzerin ihre beiden anderen Gäste vor: „Das sind Lina und ihre Mutter Simone. Sie wohnen in der Wohnung direkt neben eurer." Die Familien machten sich kurz bekannt.

Lilly und Nikolas wollten unbedingt zur Weide gehen, wo die beiden verschwundenen Ponys am Tag zuvor gestanden hatten. Lina schloss sich ihnen an. „Wie alt bist du?", fragte Lilly, an Lina gewandt.

„Ich bin neun, und ihr?"

„Ich bin zehn, und mein Bruder Nikolas ist zwölf", antwortete Lilly.

An der Pferdekoppel angekommen, schauten sich die drei um. Nachdem sie sich das Tor in Ruhe angeschaut hatten, überlegte Nikolas laut: „Also, wenn wirklich nirgendwo ein Loch im Zaun ist, müssen die Ponys absichtlich herausgelassen oder gestohlen worden sein. Dieses Gitter bekommen Pferde doch bestimmt niemals allein auf."

Lilly und Lina stimmten ihm zu. Alle drei verfielen in nachdenkliches Schweigen. Lina ging ein paar Schritte, setzte sich ins Gras und lehnte sich an einen Pfahl. Lilly und Nikolas folgten ihr.

„Aber wieso sollte jemand diese beiden Ponys stehlen, wo die ganzen Wiesen drum herum voller Pferde sind?", bemerkte Lilly.

„Gute Frage!", gab Lina zu.

Lilly setzte sich neben Lina. „Aua! Was ist das denn?“, fragte sie, als sie mit der Hand an etwas Spitzes stieß. Sie hob den Gegenstand auf. „Sieht aus wie ein Schlüsselanhänger!“

Als sie den Metallanhänger gerade näher betrachten wollten, kam Papa vom Stall herüber und rief: „Kinder, kommt ihr zum Essen?“

„Mist! Den schauen wir uns dann besser später in Ruhe an.“ Lilly steckte den Anhänger in die Hosentasche und fragte: „Lina, kommst du morgen früh mit Eier einsammeln?“

„Klaro, bin dabei!“, sagte das Mädchen.

Sie verabredeten sich für den nächsten Morgen am Hühnerstall, während sie gemeinsam zurück zum Hof liefen. Kurz bevor sie Papa erreichten, machte Nikolas Lilly und Lina noch ein unauffälliges Zeichen mit den Fingern vor den Lippen „Wir erzählen erst mal nichts!“, bestimmte er, und die beiden Mädchen nickten, bevor sich ihre Wege trennten.

Als die Geschwister abends in ihr Zimmer gingen siegte die Neugierde. Nikolas setzte sich zu seiner Schwester auf das Bett und forderte sie auf: „Zeig noch mal den Schlüsselanhänger!“

Lilly holte den Schlüsselanhänger aus der Nachttischschublade und reichte ihn Nikolas. Dieser betrachtete das Metallstück im Schein der Nachttischlampe. „Da sind zwei gekreuzte Werkzeuge und ein Helm abgebildet! Hast du das Zeichen schon mal gesehen?“, fragte er. „Es erinnert mich an das Symbol der Bergleute, aber das ist es nicht.“

„Hmm ... Gesehen bestimmt, aber wo, weiß ich nicht mehr“, antwortete Lilly enttäuscht.

„Vielleicht kennt Lina das, ansonsten googeln wir morgen mal“, meinte ihr Bruder. Er packte das Fundstück in sein Hosentasche und ging zurück in sein Bett.

Nervenkitzel am Erlebnisberg Kappe

Um 8 Uhr trafen sich Lilly und Nikolas bereits mit Lina am Hühnerstall. Lina nahm den braunen Korb, der vor dem Tor stand, und gemeinsam betraten sie den Schuppen. Die drei blieben kurz stehen, damit sich ihre Augen an das Dämmerlicht gewöhnen konnten.

„Ich schaue mal hier vorne links", sagte Lina und verschwand in der Ecke. Lilly schaute ihrem Bruder erstmal über die Schulter, wie er das erste Ei einsammelte. Anschließend ging sie selbst auf Eiersuche.

„Cool, die sind ja noch warm!", rief sie überrascht.

„Dann sind sie wohl wirklich ganz frisch!", vermutete Nikolas.

Lina kam zurück, und die Geschwister legten ihre Eier vorsichtig in den Korb. „So, jetzt müssen wir die nur eben zu Gerti in die Küche bringen", sagte sie.

Anschließend setzten sich die Kinder zusammen und betrachteten gemeinsam den Schlüsselanhänger. Nikolas berichtete Lina: „Wir haben gestern Abend schon mal einen Blick drauf geworfen, da sind Werkzeuge und ein Helm abgebildet. Uns will absolut nicht einfallen, wo wir das schon mal gesehen haben."

„Zeig mal her!", forderte Lina. „Das steht für die Feuerwehr!", rief sie erstaunt. „Mein Papa und mein Patenonkel sind in der Freiwilligen Feuerwehr."

„Was macht der Schlüsselanhänger wohl auf der Weide?", überlegte Lilly laut. „Dem sollten wir auf den Grund gehen. Vielleicht finden wir bei der Feuerwehr etwas heraus!"

Lina runzelte die Stirn und ergänzte: „Aber Feuerwehrmänner stehlen doch keine Ponys!"
„Das kann ich mir auch nicht vorstellen", murmelte Lilly.
„Wir machen gleich einen Ausflug, vielleicht können wir gegen Abend mal ins Dorf gehen und schauen, wo die nächste Feuerwache ist", schlug Nikolas vor.
„Sollen wir nicht vielleicht erst Mama oder eure Eltern fragen?", warf Lina vorsichtig ein. Nikolas und Lilly beruhigten ihre neue Freundin und erzählten von aufregenden Ferienabenteuern, die sie früher schon erlebt hatten.
Lina lauschte beeindruckt. Simone unterbrach schließlich die spannenden Geschichten, denn sie wollte mit Lina einen Ausflug zum Biggesee machen.

Nach einem kurzen Frühstück machte sich auch Familie Sonnenschein auf den Weg. Ein aktiver Tag in Winterberg stand auf dem Ferienprogramm.
Sie starteten am *Erlebnisberg Kappe*. „Wow, das ist ja cool, was man hier alles machen kann!", freute sich Nikolas, als er die Übersichtstafel und die Wegweiser am Parkplatz sah.
„Es gibt eine Sommerrodelbahn? Super, können wir damit beginnen?", fragte Lilly erfreut.
Papa und Mama stimmten zu, und so machten sich die vier auf den Weg. Dabei kamen sie am Gelände vom *Bikepark Winterberg* vorbei, wo bereits die ersten Mountainbiker ihre Runden drehten. Gebannt schauten sie den Sprüngen der jungen Besucher auf ihren Rädern zu. „Das muss ein sehr beliebtes Ziel für Mountainbiker sein", überlegte Nikolas laut.

„Ja, das stimmt. Ich habe eben gelesen, dass es hier elf Abfahrtsstrecken gibt, und für jedes Alter ist etwas dabei", antwortete Mama.
„Puh, die rasen aber auch wirklich die Hügel hinunter! Da kann man kaum hinschauen", erwiderte Lilly und kniff die Augen zusammen.
„Da vorn geht's zur Rodelbahn!", rief Nikolas, zeigte auf ein Schild und ergänzte: „Ich möchte aber allein fahren!"
„Ich möchte mit Papa fahren!", rief Lilly.
Erfreulicherweise war die Schlange noch nicht sehr lang. Wie abgesprochen, fuhr Nikolas allein, Mama kam dahinter, und Lilly bildete gemeinsam mit Papa das Ende. Sie wurden auf den Bobs den Berg hinaufgezogen. Oben angekommen, düsten sie laut juchzend die Rodelbahn hinab, sodass die Haare im Wind flogen.
„Das hat Spaß gemacht, dürfen wir gleich noch mal?", fragte Nikolas aufgeregt.
„Später vielleicht. Lasst uns erst mal schauen, was es hier sonst noch alles gibt", antwortete Papa.
„Ich habe gesehen, dass gleich hier vorne die Erlebnisbrücke beginnt. Wie wäre es damit?", schlug Mama vor. Die Kinder und auch Papa nickten.
Sie gingen die Holzrampe hinauf, von der aus Lilly und Nikolas begeistert vorausliefen und die ersten Netze ausprobierten. Mama konnte kaum hinsehen, wie die Kinder in luftiger Höhe kletterten, und klammerte sich an Papas Arm. Zum Glück konnte sie auch auf dem Holzboden weitergehen, auf dem sie sich sicher fühlte. Zu Mamas Freude wackelte er nicht, und man konnte nicht bis zum Boden durchschauen.
Je wackeliger die einzelnen Kletter- und Abenteuer-Elemente wurden, desto mehr Spaß hatten die Geschwister. Während Mama vorsichtig 20 Meter in die Tiefe blickte, fotografierte Papa die schöne Aussicht.

„Schaut mal, dort unten die Röhre, die sich den Berg hinunterschlängelt. Das ist die *EisArena,* eine sehr bekannte Bobbahn“, wies Papa auf die Kunsteisbahn. Ein paar Meter weiter beobachteten sie die Mountainbiker, die mit ihren Rädern im Sessellift den Berg hinauffuhren, um anschließend die kurvigen Pisten hinunterzusausen. Ein weiterer Teil der Abfahrtspiste kam wenig später in Sicht.

„Krass, wie schnell die hier runterbrettern!“, kommentierte Nikolas die rasanten Abfahrten der Radfahrer, die mit ihren Mountainbikes teils halsbrecherische Sprünge machten und um scharfe Kurven düsten.

Als die Familie schließlich das Ende der 435 Meter langen Erlebnisbrücke erreichte, rief Lilly fasziniert: „Wow! Nikolas, schau dir mal die megalange Tunnelrutsche an!“ Nikolas zog die Augenbrauen hoch. Die Rutsche war bestimmt nicht ohne! Aber Lilly zog ihn kurzerhand mit sich. „Los komm, das macht sicher einen Riesenspaß!“

Papa und Mama nutzten stattdessen die lange Wendeltreppe.

Unten angekommen, folgten die vier dem 700 Meter langen Natur-Erlebnispfad, auf dem sie vom Eichhörnchen Kappi begleitet wurden. Dieses hielt immer wieder spannende Informationen auf Tafeln bereit.

Die Sonnenscheins spazierten durch den Wald, sahen ein Insektenhotel und testeten ihr Wissen zum Thema Wald und Tiere an den einzelnen Mitmach-Stationen. „Schau mal, hier musst du die vier Spuren den entsprechenden Tieren zuordnen!“, rief Nikolas seine Schwester herbei. Sie steckten die bunten Holzpins in die passenden Löcher und freuten sich, als sie die korrekte Auflösung auf der Rückseite sahen.

„Da vorne steht ein Fuchs“, bemerkte Lilly und zeigte auf eine Figur im Wald. Die dazugehörige Infotafel verriet einiges über den heimischen Waldbewohner.

„Verrückt! Habt ihr schon gesehen, dass da drüben jemand durch den Wald schwebt?“, fragte Papa und zeigte auf eine lange Stange, die quer durch den Wald verlief. Daran hing ein Mann und flog langsam zwischen den Bäumen hindurch.
„Das ist ja abgefahren!“, antwortete Nikolas staunend.
„Das müsste die Flyline sein“, überlegte Mama laut. „Ich habe eben an der *Erlebnisbrücke* einen Prospekt davon gesehen.“
„Machen wir das auch? Bitteee!“, bettelte Lilly.
„Lasst uns erst mal schauen, dass wir pünktlich zum Klettern kommen“, bemerkte Mama mit einem Blick auf die Uhr. „Los, lasst uns weitergehen!“
„Hör mal hier!“, rief Lilly ihrem Bruder zu, als sie durch das große Rohr gelauscht hatte.
„Was gibt es denn da?“, fragte Nikolas neugierig, während er die hölzerne Plattform bestieg.
„Da hörst du den Wald!“, erklärte sie.
Schließlich war das Ende des Wegs und somit die Bergspitze erreicht.
„Schaut mal, da vorn ist die Station des Sesselliftes, mit dem die Radfahrer alle hochfahren!“, bemerkte Nikolas. „Und da hinten ist noch ein weiterer Lift!“
Gerade in diesem Moment kamen zwei Biker heraus, setzten sich in den Sattel und traten kräftig in die Pedale. „Passt auf, dass ihr nicht umgefahren werdet!“, bemerkte Papa und blickte den waghalsigen Mountainbikern hinterher.
„Habt ihr schon Hunger?“, hakte Mama nach. „Dann lasst uns doch eine Kleinigkeit unten im Panorama-Restaurant essen, bevor wir zum *Kletterwald* gehen.“

Das Lokal machte seinem Namen alle Ehre, denn die Aussicht war fantastisch. Sie fanden ein schönes Plätzchen direkt am Fenster.

Auf dem Weg zum *Kletterwald* kamen sie erneut am *Bikepark Winterberg* vorbei und schauten für einen Moment nochmals den Radfahrern bei ihren rasanten Fahrten zu. Pünktlich um 13 Uhr erreichte Familie Sonnenschein den *Kletterwald* am *Erlebnisberg Kappe*. Sie wurden freundlich begrüßt, und es ging direkt los.
„Ich bin Jan, wenn ihr Fragen habt, wendet euch jederzeit an mich oder meine Kollegen. Nun schaut mal, ob euch diese Handschuhe passen", sagte der junge Mitarbeiter und gab jedem der Gäste ein Paar.
„Danke, für mich nicht!", antwortete Mama und erklärte: „Ich habe es nicht so mit der Höhe."
„Oh je, dann ist das wirklich nicht das Richtige für Sie. Aber dann können Sie schöne Fotos von unten machen", entgegnete Jan und gab weitere Anweisungen.
„Dann überprüft bitte alle noch einmal, dass ihr nichts in den Taschen habt und nichts um den Hals tragt. Halstücher, Bänder und solche Dinge sind gefährlich, da ihr daran hängen bleiben könnt."
Lilly nahm ihr Halstuch ab und reichte es Mama. Anschließend half Jan ihnen, die entsprechende Ausrüstung anzulegen. „Das ist aber ganz schön eng an den Schultern!", meinte Lilly.
Jan prüfte ihre Gurte und antwortete: „Das muss leider so eng sein, ansonsten rutscht du raus! Aber schau mal, du hast noch ordentlich Platz, da passt sogar noch meine Hand zwischen."
Gemeinsam mit zwei weiteren Familien erhielten sie eine ausführliche Einweisung, was es beim Klettern zu beachten gibt und wie das mit

der Sicherung funktioniert. Wenig später kletterten alle drei über die Hindernisse auf dem ersten Trainingsparcours. Nachdem sie sich mit dem Sicherungssystem vertraut gemacht hatten, ging es mit dem Einsteigerparcours weiter. „Ich klettere als Erster hoch!“, rief Nikolas und erklomm die Stiegen. „Oh, die Plattform ist ganz schön schmal“, bemerkte er und klickte seine Sicherungsgurte ein.

„Jetzt schwing dich durch die Lüfte, Tarzan!“, rief Lilly kichernd.

„Warte erst mal ab, bis du hier oben bist!“, antwortete Nikolas lachend.

Während Mama den Rest der Familie von unten anfeuerte und Fotos machte, kletterten Lilly, Nikolas und Papa in drei bis fünf Metern Höhe über Balken, fuhren Seilbahn, balancierten über Rundhölzer und krochen durch Tunnel.

Als der erste Parcours geschafft war, legten sie eine Pause ein. „Na, macht es Spaß?“, wollte Mama wissen.
„Jaa, total. Aber das ist auch echt anstrengend!“, stöhnte Nikolas.
„Und man muss sich echt doll konzentrieren, die Sicherung immer umzustecken. Das eine oder andere Hindernis ist auch ganz schön glatt“, ergänzte Lilly.
„Das stimmt allerdings“, bestätigte Papa und erklärte, an Mama gewandt, weiter: „Für dich wär das tatsächlich nichts, vor allem kann man nicht einfach zurück, sondern muss den Abschnitt zu Ende bringen.“
Mama schüttelte sich und sagte: „Nee, nee, macht ihr mal!“
„Na, was meint ihr? Sollen wir den nächsten Parcours wagen?“, fragte Papa in die Runde.
„Ja, klar!“, stimmten die Geschwister aufgeregt zu.
Nach insgesamt fast zweieinhalb Stunden im Kletterpark beendeten sie schließlich ihre Kletterpartie. Eine Mitarbeiterin nahm ihnen die Ausrüstung ab.
„Das hat sooo viel Spaß gemacht. Ich wär gerne noch länger geblieben“, sagte Lilly.
„Habt ihr denn noch Energie?“, fragte Papa lachend. „Hier ganz in der Nähe gibt es einen großen Abenteuerspielplatz, dort könntet ihr noch ein bisschen klettern und rutschen.“
Lilly und Nikolas nickten begeistert. Sie gingen gemeinsam zum Auto, wo Mama etwas zu trinken verteilte.
„Dann los! Mal sehen, was ihr über den *SpielBerg* sagt“, antwortete Papa.

5

Kletter- und Rutschpartien am SpielBerg

Am späten Nachmittag erreichte Familie Sonnenschein den unscheinbaren Parkplatz vom *Aventura SpielBerg* in Medebach. Papa freute sich, dass er den letzten freien Platz ergatterte, und bezahlte die Parkgebühr.

„Ach, schaut mal, hier ist auch Center Parcs. In so einem Ferienpark waren wir doch an der Nordsee“, sagte Lilly und zeigte auf ein Schild.

„Stimmt, gut erkannt!“, bestätigte Mama. „Und im Saarland und in der Lüneburger Heide auch.“

Sie gingen zum Spielplatz und staunten nicht schlecht, als sie die vielen Klettergerüste und Rutschen sahen. „Cool!“, rief Nikolas. „Lilly komm, lass uns vorlaufen!“

„Nicht so schnell! Schaut mal, hier unten ist der Spielplatz für die Kleineren“, sagte Mama und zeigte auf den kleinen, mit einem Sonnensegel überdachten Spielplatz samt Matschanlage. „Na gut, aus dem Alter seid ihr wohl raus“, meinte sie dann zwinkernd.

„So eine kleine Matschschlacht wär doch jetzt genau das Richtige!“ rief Lilly scherzhaft. Alle lachten.

Sie folgten dem steilen Schotterweg den Berg hinauf und kamen dabei ganz schön ins Schwitzen. „Puh, bloß gut, dass wir Turnschuhe und keine Sandalen anhaben“, sagte Nikolas und erntete ein Nicken von den anderen. Überall an dem Hügel gab es Klettertürme, Netze und Rutschen in unterschiedlichen Höhen und auf der anderen Seite verschiedene Holzkonstruktionen. Die Kinder konnten oben starten und den gesamten Hügel hinunterklettern.

„Wow, das ist wirklich mit Abstand der coolste Spielplatz, den wir je gesehen haben!", schwärmte Lilly begeistert, als sie endlich oben ankamen.

„Auf jeden Fall der mit der besten Aussicht!", bemerkte Papa und hob seine Kamera.

Lilly wollte unbedingt die erste steile Rutsche ausprobieren und kletterte hinauf. Nach der ersten Rutschpartie kommentierte sie jedoch: „Ach was, die ist voll lahm. Da kommt jedes Baby runter!"

Schnell fand Nikolas jedoch eine spannendere Rutschmöglichkeit und forderte seine Schwester zu einem Rennen auf. Die Kinder kletterten,

rutschten und hatten jede Menge Spaß. Nach einer Stunde ging ihnen jedoch die Puste aus.

Am frühen Abend kehrte die Familie zum Sonnenhof zurück. Lina war ebenfalls von ihrem Ausflug zurückgekehrt. Sie sprang im Garten auf dem Trampolin. Als sie die Neuankömmlinge sah, hüpfte sie erfreut ins Gras und lief ihnen barfuß entgegen.
„Gibt es was Neues von Lisa und Moritz?“, fragte Nikolas, sobald sie dicht genug herangekommen war.
„Nein, leider nicht! Sind immer noch verschwunden. Die Polizei war heute noch mal auf dem Hof, hat aber bisher nichts gefunden. Schön, dass ihr zurück seid! Habt ihr Lust auf ein Eis?“
„Dürfen wir noch mit Lina ins Dorf ein Eis kaufen?“, fragte Lilly.
Während Mama und Papa noch überlegten, kam Gerti aus der Scheune und fragte: „Na, seid ihr alle wieder zurück von euren Ausflügen?“
„Ja, es war richtig toll. Ich war mit Mama im Wildwald Vosswinkel, und wir haben ganz viele Rehe und Wildschweine gesehen!“, berichtete Lina.
„Bei uns war es auch richtig cool! Wir waren in Medebach auf einem riesigen Spielplatz und hatten echt viel Spaß am *Erlebnisberg Kappe*“, erzählte Nikolas aufgeregt.
Lilly ergänzte: „Und jetzt haben wir uns ein Eis verdient!“
„Das ist doch eine gute Idee. Dafür müsst ihr einfach dieser Straße folgen und euch an der Hauptstraße rechts halten. Dort kommt nach einigen Metern eine Eisdiele“, erklärte Gerti. Mama gab ihnen etwas Kleingeld, und die drei zogen los.
Auf dem Weg tauschten sich die Ferienfreunde über ihre Erlebnisse an diesem Tag aus. Anschließend fragte Lina: „Sollen wir dann gleich einen

kleinen Abstecher zur Feuerwehr machen? Vielleicht ist dort gerade jemand! Ich habe Harry eben ausgequetscht, wo die Feuerwache im Dorf ist. Sie dürfte gar nicht weit von der Eisdiele entfernt sein."

„Ach, du bist super", lobte Lilly ihre neue Ferienfreundin. „Dann sollten wir auf jeden Fall mal dort vorbeischauen, oder, Nikolas?" Dieser nickte und war froh, dass Lilly ihm gestern Abend den Schlüsselanhänger gegeben und er ihn noch nicht aus seiner Hosentasche genommen hatte. In der Dorfmitte angekommen, holten sich die Freunde zwei Kugeln Eis und schlenderten weiter zur nahe gelegenen Feuerwache. Tatsächlich hatten sie Glück und trafen auf einen Feuerwehrmann, der gerade eine Tür verschloss.

„Entschuldigen Sie, dürfen wir Sie kurz stören?", fragte Nikolas freundlich, als sie bei dem Herrn angekommen waren.

Dieser drehte sich herum und lächelte. „Klar, wie kann ich euch helfen?"

Nikolas kramte den Metallanhänger aus seiner Tasche und reichte ihn dem Feuerwehrmann. „Haben Sie den schon einmal gesehen?", fragte er neugierig.

Der Feuerwehrmann zog die Augenbrauen hoch: „Wo habt ihr den denn her? Jürgen, komm mal rüber, schau dir das an!", rief er einem anderen Mann zu, den die Kinder bisher gar nicht bemerkt hatten. Er stieg aus einem Auto und kam herbeigeeilt.

„Ach was, das gibt's ja nicht! Das ist doch der Anhänger, der Dienstag von Michis Schlüssel verschwunden ist!", rief der zweite Feuerwehrmann erstaunt.

„Wir haben ihn auf einer Wiese gefunden", berichtete Lilly absichtlich vage und fragte weiter: „War an dem Tag denn etwas Besonderes?"

Die Männer überlegten.

„Das war ein relativ chaotischer Tag. Wir hatten zwei Einsätze kurz hintereinander, aber ansonsten ...“, dachte der eine Feuerwehrmann laut nach.
Jürgen lachte und sagte: „Ach, Frank, weißt du noch, als dieser Depp mit dem Eierwagen genau in dem Moment auf den Hof gefahren kam, als wir los wollten? Mann, war das eine Rangiererei, woll?!“
„Jau, du hast recht. Da hatte der Eiermann eine unglückliche Zeit erwischt. In dem Moment hatte wirklich keiner einen Kopf für seine Eier.“
„Können wir Michi seinen Schlüsselanhänger vielleicht selbst zurückgeben?“, wollte Lina wissen.
„Ich wüsste nicht, was dagegenspricht“, meinte Frank und ergänzte: „Dann kommt doch einfach morgen gegen 18 Uhr noch mal her, da solltet ihr unseren Kameraden antreffen.“
Nikolas nahm den Anhänger wieder entgegen und steckte ihn zurück in die Tasche. Die Kinder bedankten sich und machten sich auf den Rückweg zum Bauernhof.
Kurz, bevor sie um die Ecke bogen, entdeckte Lilly einen Jungen in Nikolas' Alter, der sie mit stechendem Blick beobachtete. Was hatte der denn für ein Problem? Egal, sie hatten andere Dinge, über die sich sich die Köpfe zerbrechen mussten.
Die Freunde nutzten die verbleibenden Minuten und grübelten, wie der Schlüsselanhänger auf die Wiese gelangt sein konnte.
„Das ist wirklich komisch, wieso verschwindet ein Anhänger der Feuerwehr und liegt an Gertis und Harrys Zaun?“, überlegte Nikolas laut.
„Vielleicht hat dieser Michi ihn einfach dort verloren?“, warf Lina ein.
„Hmm ... Die Frage ist, ob der Anhänger bereits dort lag, als die Pferde verschwunden sind oder ob der Anhänger etwas mit dem Verschwinden zu tun hat“, kommentierte Lilly, kurz bevor sie den Hof erreichten.

6

Ausflüge in die Welt der Steine und Felsen

„Habt ihr Lust, heute eine Höhle anzuschauen? Davon gibt es im Sauerland einige, haben Mama und ich gestern Abend festgestellt. In Iserlohn gibt es zum Beispiel eine Tropfsteinhöhle, da könnten wir hinfahren“, schlug Papa während des Frühstücks vor.
„Gute Idee, das haben wir lange nicht gemacht!“, entgegnete Lilly.
„Können wir nicht mal baden fahren?“, fragte Nikolas. „Es gibt doch auch so viele Seen hier, oder?“
Mama stand auf und holte den Reiseführer. „Schauen wir doch mal, ob ein See auf dem Weg liegt.“ Sie nahm die Karte heraus, faltete sie auseinander und fuhr mit dem Finger über das Papier. „Hier sind wir ungefähr!“
„Und hier ist Iserlohn!“, rief Lilly und tippte mit dem Zeigefinger auf einen Punkt.
Papa stand ebenfalls auf und beugte sich über Mama. „Dann liegt der Sorpesee auf dem Weg. Ich habe gelesen, dass man dort auch mit dem Schiff fahren kann“, antwortete er.
„Das klingt nach einem tollen Programm!“, sagte Nikolas erfreut.

Direkt nach dem Frühstück ging es los. Zuerst fuhren sie nach Iserlohn, der größten Stadt im Sauerland. Hier befand sich die *Dechenhöhle*, und direkt daneben in einem alten Bahnhofsgebäude das *Deutsche*

Höhlenmuseum. Mama bezahlte den Eintrittspreis für die Kombikarte, und sie nutzten die vierzig Minuten bis zur Höhlenführung für den Besuch des Museums.

„Es gilt als das größte deutsche Museum für Höhlenkunde“, berichtete Papa, als sie den Rundgang starteten. Sie bekamen Einblicke in die Entstehungsgeschichte der Höhlen, die Karstgebiete in Deutschland und der Region. Während Papa und Mama sich die Tafeln durchlasen, betraten die Geschwister bereits den nächsten Raum. Nikolas riss den Mund auf: „Wow, Lilly, schau dir den riesigen Höhlenbären an!“

„Komm, lass uns durch die Höhle krabbeln!“, schlug seine Schwester begeistert vor und tauchte unter dem riesigen, ausgestopften Bären ab. Auf der anderen Seite bestaunten sie einen großen Neandertalerkopf und ein Rentier.

Mama und Papa betraten gerade den Raum, als die Kinder schon neugierig hinter der nächsten Tür verschwanden. „Wartet doch auf uns!“, rief Papa, als Lilly auch schon begeistert rief: „Cool! Papa, Mama, schaut mal! Hier hängt ein Mann von der Decke.“

Mama eilte in den Ausstellungsraum. „Jetzt hast du mich aber erschreckt, Lilly!“, seufzte sie, als sie die Figur vom Höhlenarbeiter über ihrem Kopf erblickte. Anschaulich wurde hier die Arbeitsweise der Höhlenforscher beschrieben.

Direkt nebenan fanden die vier eine schöne Höhlenmalerei an der Wand und betrachteten sie fasziniert.

„Los Kinder, jetzt wird es Zeit für die Führung“, rief Mama. Schnell stiegen sie die Treppe zum Treffpunkt hinab. Hier wartete bereits eine Familie. Der Sohn war etwa in ihrem Alter, und sie plauderten ein bisschen, bis der Höhlenführer erschien. Er stellte sich als Benni

Sauer vor und öffnete das Tor. Die kleine Gruppe folgte ihm bis zum Höhleneingang. Er schloss den direkten Zugang zur Höhle auf und gab noch ein paar Sicherheitsinformationen, ehe alle zusammen in die schummrige Dunkelheit eintauchten. Die 40-minütige Führung begann. Sie kamen zu einem Platz, an dem rundherum viele Tropfsteine in den unterschiedlichsten Größen zu sehen waren.

„Wer von euch weiß denn, wie man die Tropfsteine bezeichnet, die nach unten und nach oben wachsen?“, fragte der Gästeführer an die Kinder gewandt.

Lilly erinnerte sich an die Höhlenführung in einem ihrer letzten Urlaube und wusste die Antwort: „Stalaktiten wachsen nach unten und Stalagmiten nach oben!“

„Richtig, sehr gut!“, lobte Benni nickend und erklärte weiter: „Da gibt es so eine tolle Eselsbrücke: Stalaktiiiten wachsen in die Tiiiiefe.“

Die Gruppe folgte dem schmalen Pfad durch die *Dechenhöhle* bis zum nächsten Haltepunkt. Hier schaltete der Höhlenführer für einen Moment das Licht aus, um einen Eindruck von der absoluten Dunkelheit in der Höhle zu geben.
„Ganz schön unheimlich, wenn man nur das Tropfen hört, oder?“, flüsterte Mama in das Schwarze hinein.
Wenige Sekunden später erstrahlte das Licht wieder, und sie konnten weitergehen. Auf dem insgesamt 400 Meter langen Weg durch die Tropfsteinhöhle sahen sie abwechslungsreiche Gebilde, glasklares Wasser und tropfende Stalaktiten.
„Boah, schaut mal, die Tropfsteine dort sind sogar zusammengewachsen!“, rief der Junge aus der anderen Familie. Lilly und Nikolas schauten sich das natürliche Gebilde gespannt an.
„Das hast du ganz richtig beobachtet“, bestätigte Benni und erklärte weiter: „Solche Verbindungen bezeichnet man als Stalagnaten.“ Sie lauschten seinen letzten Sätzen und kamen wenig später wieder an das Tageslicht.

„Habt ihr Lust auf einen kurzen Abstecher zum *Felsenmeer*, bevor wir die Schifffahrt auf dem Sorpesee machen?“, fragte Papa, als sie zurück im Auto waren.
„Was gibt's denn am *Felsenmeer*?“, wollte Lilly wissen.
Mama erklärte: „Das ist ein Geotop, also ein Gebiet mit ganz vielen Felsen, das geschützt wird und in dem die Besucher Einblicke in die Erdgeschichte bekommen.“
„Kann man dort klettern?“, fragte Nikolas prompt.
„Wir können ja mal schauen“, erwiderte Mama.

In Hemer angekommen, stellte Papa das Auto am Sauerlandpark ab. „Gehen wir dort auch rein?“, wollte Lilly wissen, als sie das Schild sah.
„Hmm ... Überlegt euch, ob ihr lieber hierbleiben wollt oder ob wir wie geplant zum Sorpesee fahren. Beides schaffen wir heute leider nicht“, antwortete Papa.
„Ach ja, wir wollen ja zum See. Dann lieber Wasser, oder, Nikolas?“, überlegte Lilly laut und schaute ihren Bruder fragend an.
„Ja, dann verschieben wir den Park“, bestätigte er.
Sie folgten dem Fußweg ins *Felsenmeer* bis zu der großen, runden Besucherplattform. Von hier aus konnten die vier einen guten Blick auf die schroffen Felsen werfen. „Schaut mal, viele von den Steinen sind sogar bewachsen. Ich will gar nicht wissen, was da alles in den Spalten kreucht und fleucht“, sagte Lilly schaudernd.

„Bestimmt riesige Spinnen, die nur darauf warten, dich fressen zu können!“, scherzte Nikolas.

„Du bist echt blöd!“, schimpfte Lilly kichernd.

„Lasst uns mal ein Stück zurückgehen. Es soll hier noch einen Steg geben!“, forderte Mama die anderen auf, und sie folgten den blauen Wegweisern. Der Waldweg führte in einem großen Bogen um das felsige Gebiet. Auf der anderen Seite des *Felsenmeeres* angekommen, gab es zwei Holzstege. Der eine verlief hoch über dem Boden über die Steine, der andere untendrunter, zwischen den Felsen hindurch. Lilly stolzierte über die Holzplanken, die Hände in die Hüften gestemmt, den Hals gereckt und immer einen Fuß in großem Abstand vor den anderen setzend: „Der perfekte Weg für einen Storch.“

Alle mussten lachen. Nikolas klopfte seiner Schwester auf die Schulter und meinte: „Komm, lass uns vorlaufen!“

Als die beiden das Ende des Stegs erreichten, folgten sie der Holztreppe auf die untere Etage. Dort gingen sie über die Holzplanken zurück.

„Mama, Papa!“, rief Lilly und winkte ihren Eltern zu, die gerade über ihnen entlangspazierten. Papa schoss ein paar Fotos von den beiden.

„Wahnsinn, wenn man bedenkt, wie lange diese Steine hier schon liegen“, überlegte Nikolas laut, während er den zerklüfteten Untergrund bestaunte.

Am Ende des Stegs angekommen sagte Mama: „Schaut mal, ihr beiden! Hier könntet ihr ein bisschen klettern“, und zeigte auf eine Ansammlung von Felsen.

Die Kinder kraxelten eine Runde an einem kleinen Felshügel. Wenig später brachen sie auf und fuhren durch das Hönnetal zum Sorpesee.

7

Eine Schiffsfahrt und Geocaching am Sorpesee

Sie erreichten gerade pünktlich die Anlegestelle am See, um an der nächsten Rundfahrt mit der „MS Sorpesee" teilzunehmen. „Schaut, da kommt es schon!", rief Nikolas. Zweimal laut hupend legte das weiße Schiff mit den bunten Fähnchen am Anleger an.

„Ich möchte ganz oben sitzen!", rief Lilly, als sie zustiegen, und stürmte voraus. Papa und Nikolas folgten ihr, während Mama bezahlte. Sie hatten Glück und fanden noch vier freie Plätze oben an Deck.

„Ich habe gesehen, dass es unten Erdbeerkuchen gibt. Habt ihr Lust auf ein Stück?", fragte Mama, als sie beim Rest der Familie ankam. Die Kinder jubelten, und Lilly ging mit, um beim Tragen zu helfen.

„Nikolas, siehst du den Mann da vorne? Der macht Stand-Up-Paddling und hat seinen Hund vorne drauf!", sagte Papa.

„Cool! Das sollten wir auch irgendwann mal machen!", kommentierte Nikolas.

Mama und Lilly kamen zurück, und sie ließen es sich schmecken, während ihnen die warme Luft um die Nase wehte. Nachdem sie aufgegessen hatten, gab Mama die Sonnencreme herum.

„Unglaublich wie grün es hier ist, oder?", fragte Mama in die Runde. Die Kinder nickten.

„Und es ist schön, dass es hier so viel unbebaute Fläche gibt. An anderen Orten wäre das Seeufer voller teurer Villen", bemerkte Papa.

„Stimmt, hier stehen wirklich kaum Häuser!“, bestätigte Lilly. „Voll cool, da kann man einfach mit dem Rad zum Ufer fahren und schwimmen gehen!“, schwärmte sie.
Auf der weiteren Fahrt genossen sie den Blick auf die bewaldete Landschaft rings um den See und beobachteten die Segelboote und Stand-Up-Paddler.
„Seht ihr? Da hinten ist schon die Staumauer!“, bemerkte Nikolas begeistert, als sie nach einer knappen halben Stunde die andere Seite der Talsperre erreichten. Mit zwei lauten Huptönen legte das Schiff am Anleger am *Sorpedamm* in Sundern-Langscheid an. Familien schlenderten über die Promenade, überall blühten Blumen, und Kinder sausten in einer Tunnelrutsche den Hügel hinab. Neben dem Schiff verließen Tretboote den Steg. „Hier steigen wir nicht aus, oder?“, fragte Nikolas.
„Nein, wir fahren direkt wieder zurück. Dann können wir dort noch einen schönen Spaziergang am Wasser machen“, schlug Papa vor. „Wir können in Amecke eine Runde Geocaching machen, wenn ihr Lust habt. Vielleicht finden wir ja einen Schatz.“
Lilly strahlte, und auch Nikolas war von der Idee begeistert. Wenige Minuten später machte sich das Schiff auf die Rückfahrt.
„Was ist das denn?“, fragte Lilly nach einer Weile, und zeigte auf eine Ansammlung von einigen Hütten und Häusern am Ufer.
„Wie nett! Das sieht aus wie ein kleiner Ferienpark“, antwortete Mama.
„Mega, da unter den Bäumen gibt es sogar bunte Baumhäuser!“, bemerkte Nikolas mit leuchtenden Augen.
Zurück an der Anlegestelle, zauberte Papa zwei ausgedruckte Zettel aus der Tasche.

„Guckt mal hier, ich habe zu Hause schon nach Caches in der Umgebung geschaut, und hier gibt es einen ganz tollen Multi-Cache, wo ihr mehrere Stationen absolvieren könnt. Dazu müsst ihr diese einzelnen Dinge finden und den Bildern zuordnen."

„Cool! Wo starten wir denn?", rief Lilly aufgeregt.

„So, wie ich das sehe, können wir direkt an der Brücke nach rechts gehen. Dann kommen wir später am Auto wieder raus", antwortete Papa mit einem Blick auf die Geocaching-App. Am anderen Ende des Amecker Damms erspähten die Kinder eine Übersichtstafel und warfen einen Blick darauf.

„Oh, wie toll! Der Weg heißt *‚AiRlebnisweg'*, und es gibt sogar einzelne Mitmach-Stationen zum Thema ‚Wasser und Atmung'. Da kann man bestimmt ganz viel ausprobieren", freute sich Lilly.

„Steht dort, wie lang der Weg ist?", fragte Mama.

„Es sind 3,4 Kilometer mit 20 Stationen", las Lilly vor.

„Dann mal los!", forderte Papa auf, nachdem Nikolas über den steinernen Sorpeaal geklettert war.

Sie spazierten über den schönen Themenweg, balancierten über einen Schwebebalken, setzten eine Wasserfontäne in Gang, spielten Verstecken im Heckenlabyrinth und probierten die einzelnen Stationen aus. Auf dem Weg rief Nikolas plötzlich: „Lilly, komm schnell! Hier ist der Fuß, den wir finden müssen."

„Du hast recht! Papa, sagst du uns die Koordinaten von dieser Stelle?"

Dieser las die GPS-Daten von seinem Handybildschirm ab, und die Kinder trugen sie in die entsprechende Tabelle ein.

„Wie schade, dass die Ponys kein GPS haben, dann würden wir sie schnell finden", überlegte Lilly laut.

„Allerdings! Vielleicht sollten wir das Gerti und Harry für die Zukunft mal vorschlagen!“, bestätigte Nikolas und konzentrierte sich wieder auf seinen Zettel mit den Bildausschnitten. „Papa, gut, dass du das ausgedruckt hast, ohne hätten wir das Rätsel gar nicht entschlüsseln können“, meinte er.

So lösten sie ein Bildersuchrätsel nach dem anderen. Als sie um eine Ecke bogen, fragte Lilly erstaunt: „Was ist denn das Weiße dort?“

„Hmm, gute Frage. Sieht aus wie ein komisch geformter Pavillon“, bemerkte Nikolas.

„Ah, ich glaube ich habe etwas von einem *‚Sorpediamant‘* gelesen. Schaut doch mal rein!“, forderte Papa die beiden Kinder auf. Lilly und Nikolas rannten vor und verschwanden in dem großen Zelt. Innen gab es Bänke, in der Mitte stand eine Steinsäule, von der Wasser plätscherte, und dazu wurden ruhige Musik abgespielt.

„Wow!“, sagte Mama staunend, als sie das Gebilde erreichten.

Nikolas drehte sich um und rief begeistert: „Dort hinten sind ganz viele Schwäne!“, und zeigte auf das Wasser.

„Schaut hier in dem Pavillon mal genau hin, dann könnt ihr hier ein weiteres Bilderrätsel lösen“, gab Mama ihnen einen Tipp.

„Ah, ich hab’s!“, rief Lilly erfreut und zeigte auf das gesuchte Teil.

„Cool, jetzt haben wir gleich alles gefunden, dann können wir die Endkoordinaten errechnen“, jubelte Nikolas.

Bis auf eine Station meisterten die Kinder auch die restlichen Bildersuchrätsel des Geocaches. Nachdem sie das Vorbecken einmal umrundet hatten, gelangten sie zurück zum Auto.

Während Lilly und Nikolas die Koordinaten ausrechneten, holte Mama ein paar Kekse sowie Tomaten und geschnittene Gurken aus dem

Auto. „Hier eine Kleinigkeit zur Stärkung!“ Mit Appetit machten sich alle über die Snacks her, bevor sie sich mit den errechneten Endkoordinaten auf die Suche nach dem finalen Cache machten.
Papa begleitete die beiden mit seinem Smartphone. „Nach eurer Berechnung müsste er hier irgendwo sein!“, sagte er plötzlich.
Die Kinder hielten genau Ausschau, wie beim Ostereiersuchen. Nach einer gefühlten Ewigkeit jubelte Nikolas: „Ich habe ihn!“
„Juhu!“, rief Lilly begeistert.
Sie loggten den Cache in der Geocaching-App und liefen zurück zum Parkplatz.
„So, für heute reicht es aber wirklich!“, stöhnte Papa, als sie zurück am Auto waren, wo Mama die Snacks wieder verstaut hatte und auf einer Decke in der Sonne saß.
Während der Rückfahrt wisperte Nikolas Lilly zu: „Ob wir es gleich zur Feuerwache schaffen?“
„Ach ja, das habe ich ganz vergessen! Hoffentlich ist Lina auch schon von ihrem Ausflug zurück.“
Die Fahrt verging wie im Flug, und schnell waren sie zurück am Sonnenhof. Lilly und Nikolas waren vor Aufregung schon ganz kribbelig.
„Hast du den Anhänger noch in der Tasche?“, wisperte Lilly ihrem Bruder zu.
„Ja klar!“, sagte Nikolas und nickte.

8

Übergabe an der Feuerwache

„Dürfen wir noch etwas mit Lina unternehmen?“, bat Lilly ihre Eltern, als sie den Ferienhof erreichten.

Nach einem Blick auf die Uhr antwortete Mama: „Maximal anderthalb Stündchen, dann gibt es Abendessen.“

„Alles klar! Bis dahin sind wir zurück!“, rief Nikolas und sprang zeitgleich mit Lilly aus dem Auto. Sie rannten los, um ihre Ferienfreundin zu suchen, und fanden sie im Garten bei den Hühnern.

„Lina, wir sind wieder da! Gibt es Neuigkeiten von den Ponys?“, fragte Lilly.

„Leider nach wie vor nicht“, antwortete Lina leicht deprimiert.

„Das gibt’s doch gar nicht!“, stöhnte Nikolas, schüttelte den Kopf und fragte: „Hast du Lust, mit zur Feuerwache zu kommen?“

„Ja, klar, ich bin dabei! Ich habe Mama vorhin schon vorsorglich Bescheid gesagt, dass ich vielleicht mit euch ins Dorf gehe“, erklärte Lina.

Die drei machten sich auf den Weg.

„Wo ist eigentlich dein Papa?“, fragte Lilly neugierig.

Meine Eltern haben sich vor zwei Jahren scheiden lassen. Ich lebe bei meiner Mama. Ich sehe meinen Papa aber regelmäßig alle zwei Wochen am Wochenende und in den Ferien“, berichtete Lina.

„Oh, das tut mir leid“, antwortete Lilly, die sich kaum vorstellen konnte, ihren Papa nur so selten zu sehen.

„Ach, das ist gar nicht so schlimm. Inzwischen habe ich mich dran gewöhnt, und es klappt supergut. Es hat auf jeden Fall den großen

Vorteil, dass ich so in den Ferien immer zweimal in den Urlaub fahren kann", erzähle Lina lachend und zwinkerte Lilly und Nikolas zu.
„Cool, wo geht es denn in den Sommerferien mit deinem Papa hin?", wollte Nikolas wissen.
„Wir fahren nach Österreich zum Wandern. Da waren wir vor zwei Jahren schon mal, und das war richtig cool in den Bergen."
Die drei hatten die Dorfmitte fast erreicht, als Lina etwas einfiel: „Wir sollten unbedingt noch ein Foto von dem Schlüsselanhänger machen, bevor wir ihn abgeben, oder was meint ihr?"
„Das ist eine grandiose Idee!", musste Nikolas zugeben. „Dass ich da nicht gleich drauf gekommen bin!"
Er zog schnell den Anhänger und sein Handy aus der Tasche und machte ein paar Fotos. „Es ist nicht die beste Kamera, aber dafür reicht's", kommentierte er. Dann liefen sie schnell weiter und unterhielten sich dabei über ihre Ausflüge.
„Vielleicht können wir an einem Tag ja mal zusammen einen Ausflug machen, was meint ihr?", schlug Lina vor.
„Eine gute Idee. Müssen wir später direkt mal unsere Eltern fragen!", stimmte Lilly begeistert zu.
An der Feuerwache angekommen, bot sich ihnen ein komplett anderes Bild als am Tag zuvor. Auf dem großen Platz standen Autos und Fahrräder kreuz und quer verteilt. Hier war eindeutig Übungstag.
„Was meint ihr, sollen wir mal in der großen Halle schauen?", fragte Lilly.
Lina und Nikolas nickten und betraten die große Feuerwehrhalle. Es herrschte reges Treiben: Ein Mann rollte gerade einen Feuerwehrschlauch ein, im Gerätewagen wurde Material überprüft, und zwei Feuerwehrleute beschäftigten sich mit den Atemschutzmasken.

Ehe die Kinder auf sich aufmerksam machen konnten, erblickte Frank die drei. „Ach, hallo! Da seid ihr ja wieder", begrüßte er sie freundlich. „Michi, schau mal, das sind die Kids, die deinen Schlüsselanhänger gefunden haben!", rief er seinem Kameraden zu, der gerade den Schlauch beiseitelegte.

Der Feuerwehrmann kam auf die jungen Besucher zu und begrüßte sie freundlich. „Ich habe schon gehört, dass ihr meinen Anhänger gefunden habt. Das ist wirklich verrückt!", sagte er kopfschüttelnd. „Wo habt ihr den denn entdeckt?"

„Auf einer Wiese, oben am Sonnenhof! Aber der Schlüssel war leider nicht dabei", antwortete Nikolas, zog den Anhänger hervor und überreichte ihn seinem Besitzer.

„Der Schlüssel war verrückterweise auch gar nicht verschwunden. Da hat jemand einfach nur den Anhänger entfernt. Wieso auch immer!", antwortete der Feuerwehrmann.

„Und der ist einfach aus der Jacke verschwunden?", hakte Lilly neugierig nach.

„Nicht ganz, der Schlüssel steckte hier in einer Innentür. Als wir vom zweiten Einsatz zurückkamen, wollte ich abschließen. Dabei habe ich bemerkt, dass der Schlüssel zwar noch da, aber der Anhänger fort war", berichtete er den Kindern. „Vielen Dank, dass ihr ihn mir zurückgebracht habt. Das ist wirklich toll von euch!"

„Wollt ihr einen Blick in einen der Feuerwehrwagen werfen?", fragte Frank.

Lilly und Nikolas bekamen glänzende Augen und nickten gleichzeitig. Auch Lina war begeistert. Sie kletterten einer nach dem anderen in den hohen Gerätewagen. Frank und Michi halfen ihnen dabei.

„Wow, hier sitzt man echt hoch!“, staunte Lilly.

Lina erzählte den Männern, dass auch ihr Papa und ihr Onkel bei der Freiwilligen Feuerwehr waren. „Dann kennst du das ein oder andere ja sicher schon!“, vermutete Frank ganz richtig.

Die Feuerwehrkameraden zeigten den Kindern, wie Blaulicht und Martinshorn eingeschaltet werden und wie das Funkgerät funktioniert.

Als Nikolas einen Blick auf seine Uhr warf, sagte er enttäuscht: „Oh, nein, es ist schon kurz vor sechs. Wie schade, aber wir müssen leider gehen.“

Die Feuerwehrmänner halfen den Kindern aus dem hohen Wagen. „War schön euch kennenzulernen, und danke für's Zurückbringen!", verabschiedete sich Michi und hielt dabei den glänzenden Schlüsselanhänger in die Höhe.

Die Kinder bedankten sich freundlich und machten sich schnell auf den Rückweg. „Das war so richtig genial! Lina, wenn dein Papa und dein Onkel Feuerwehrmänner sind, warst du sicher schon mal auf der Feuerwache, oder?", fragte Lilly immer noch ganz aufgeregt.

„Ja, ich finde es trotzdem immer wieder cool, in den großen Feuerwehrautos zu sitzen", antwortete sie und ergänzte: „Aber noch mal zurück zu dem Anhänger. Wieso klaut man so etwas und lässt den Schlüssel zurück?"

„Echt eigenartig, oder? Das ergibt doch keinen Sinn", murmelte Nikolas.

Kurz bevor sie den Sonnenhof erreichten, frage Lilly: „Lina, weißt du schon, was morgen auf eurem Programm steht?"

„Ja, morgen wird es richtig toll. Wir fahren in den *PanoramaPark*, eine Art Freizeitpark mit Tieren."

„Cool!", entgegnete Lilly. „Dann viel Spaß! Wir sehen uns sicher wieder gegen Abend."

„Was liegt bei euch an?", hakte Lina nach.

„Übermorgen geht es zum Biggesee, aber was war noch mal für morgen geplant, Nikolas?", fragte seine Schwester.

„Das ist eine gute Frage, ich weiß es, ehrlich gesagt, auch nicht", entgegnete Nikolas.

„Lassen wir uns überraschen. Wir werden berichten, Lina", antwortete Lilly lachend, ehe sich der Weg der drei Ferienfreunde trennte.

9

Dinosaurier und Wasserspaß in Brilon

„Habt ihr Lust auf Dinosaurier?“, fragte Papa, als sie morgens zum Auto gingen.
„Klar, Dinos gehen immer!“, freute sich Nikolas. „Wo gibt’s die denn?“
„In Brilon. Dort ist ein kleines Museum mit einer Dinosaurier-Ausstellung.“
„Wo bleibt Mama denn nur?“, quengelte Lilly ungeduldig.
Als hätte Mama es gehört, kam sie aus dem Haus gelaufen. Sie hatte zwei große Taschen in der Hand, die sie im Kofferraum verstaute. „Entschuldigt, ich hatte vergessen, euch zu sagen, dass ihr Schwimmsachen einpacken sollt, deshalb habe ich das noch schnell gemacht.“
„Ich dachte, wir schauen uns Dinos an?“, fragte Nikolas.
„Das machen wir auch, aber da werden wir nicht den ganzen Tag bleiben. In Brilon gibt es ein tolles Freibad. Wir dachten, da könnten wir am Nachmittag mal vorbeischauen, wenn ihr Lust habt!“, offenbarte Papa die Pläne.
„Au ja, das klingt super!“, stimmten die Geschwister zu.
Im Auto spielten die vier Teekesselchen und Beruferaten. In Brilon angekommen, schlenderten sie durch die hübsche Altstadt mit den vielen Fachwerkhäusern, bestaunten das schöne Rathaus und suchten anschließend das *Museum Haus Hövener* am Markt auf. „Guck mal, Lilly, da oben steht schon ein großer Dino.“ Nikolas zeigte auf die große Plastik oberhalb des Museumseingangs.

Papa kaufte eine Familienkarte. „Lasst uns in den oberen Etagen beginnen“, schlug er vor. „Dort können wir sehen, wie die Leute 1910 gelebt haben. Hier hat damals eine bedeutende Unternehmerfamilie gewohnt.“
Auf dem Weg schaute Lilly durch ein rundes Loch im Boden. „Wow, schaut mal, da sind schon Dinoknochen zu sehen“, rief sie begeistert.
Sie gingen durch die einzelnen Ausstellungsräume mit Holzböden, sahen ein Stadtmodell von Brilon, alte Wappen und staunten über die alte Wohnungseinrichtung.
„Darauf hat man früher gekocht?“, fragte Lilly verwundert und betrachtete fasziniert den alten Ofen. Nikolas hingegen fand die Geschichte der Briloner Glocken besonders interessant. Er blieb ein paar Minuten vor der riesigen Karte stehen und schaute sich beeindruckt an, in welche Orte der Welt überall Glocken geliefert wurden.
„Zeig mir mal bitte die Karte. Bist du dir sicher, dass es hier viel über Dinosaurier gibt?“, wisperte Mama Papa fragend zu, während sie durch die oberen Räume gingen.
„Ja, im Keller. Das Beste kommt zum Schluss“, antwortete er zwinkernd.
Auf dem Weg hinab in den Gewölbekeller setzten sich die Geschwister auf einen hölzernen Hörsessel und lauschten der Geschichte der Kaufmannsfamilie, die hier früher gelebt hatte.
„Dann wollen wir uns mal in die Urzeit begeben“, forderte Papa den Rest der Familie auf.
Sie betraten die Ausstellung. Nikolas riss begeistert die Augen auf und rief: „Boah, schaut mal, ein Iguanodon!“
Die Welt der Dinosaurier und der Geologie faszinierte alle vier gleichermaßen. Sie schauten durch Lupen, betrachteten funkelnde

Steine und Tropfsteine aus der Nähe, bekamen Originalknochen zu Gesicht und Einblicke in die urzeitliche Geschichte der Region.

„Direkt hier, in einem Ortsteil von Brilon, fand man versteinerte Dinosaurierknochen in einem Steinbruch“, las Nikolas von einer Tafel ab. „Das war sicher spannend für die Paläontologen.“

„Ich habe oben gelesen, dass man die Fundstelle in Nehden sogar besuchen kann“, erzählte Papa.

„Was, echt? Können wir da auch noch hin?“, bettelte Nikolas.

„Da müsst ihr euch entscheiden, ob ihr lieber schwimmen oder die Fundstelle anschauen wollt“, gab Papa zurück.

„Schwimmen!“, ertönte es sofort von Lilly.

„Stimmt, bei dem tollen Wetter sollten wir das besser machen“, pflichtete Nikolas seiner Schwester bei und scherzte: „Damit unsere Wassernixe hier nicht auf dem Trockenen schwimmen muss!“

„Prima, dann merken wir uns Nehden einfach für unseren nächsten Besuch im Sauerland“, kommentierte Mama.

Die Familie machte einen letzten Streifzug durch das Gewölbe. Als Lilly an einer Art Durchreiche vorbeikam, tauchte Papa plötzlich auf der anderen Seite auf und rief: „Wuaahh!“

Lilly schimpfte los: „Mensch, Papa, hast du mich erschreckt!“

Alle lachten und verließen das *Haus Hövener*. Mama wollte sich unbedingt noch den blühenden Museumsgarten anschauen, während Papa in die Runde fragte: „Wer hat Lust auf ein Eis?“

Dieser Vorschlag stieß bei den Kindern sofort auf Zustimmung, und so suchten sie sich in der Eisdiele einen Platz, während Mama in Ruhe die Blumen bewunderte.

„Eigentlich wollten wir euch heute mit einem Lama-Spaziergang überraschen. Aber leider war der schon ausgebucht“, erklärte Papa den Geschwistern.

„Das wäre wirklich toll gewesen. Wo kann man denn sowas machen?“, wollte Lilly wissen.

„Hier wird ein tolles Ferienprogramm angeboten. Das heißt ‚Brilon natürlich‘. Da können Familien viele Ausflüge und Unternehmungen kostenlos mitmachen. Dabei gibt es unter anderem auch einen Spaziergang mit Lamas.“

„Ach, wie cool. Na ja, dann haben wir noch einen weiteren Grund, um wiederzukommen“, antwortete Nikolas erfreut.

„Mama, hast du auch meine Taucherbrille eingepackt?", fragte Lilly, als sie nach einer kurzen Fahrt aus dem Auto stiegen.
„Ja klar, keine Sorge. Ich habe alles eingepackt", antwortete Mama und holte die Taschen aus dem Kofferraum. Bereits vom Zaun aus konnten die vier einen Blick auf das Freibad erhaschen.
„Hui, das ist aber wirklich groß!", meinte Lilly staunend.
„Stimmt. Kein Wunder, das *Naturfreibad Gudenhagen* ist das größte Freibad hier in Nordrhein-Westfalen und eines der größten in ganz Deutschland", berichtete Papa.
„Cool, schau mal, Lilly, das Wasser sieht richtig schön türkis aus!", rief Nikolas begeistert.
„Hmm, ich glaube, das täuscht. Ich denke, es kommt wohl eher durch den Boden", bemerkte Mama. „Aber lasst uns reingehen, dann schauen wir uns die Sache mal aus der Nähe an."
Schnell war der Eintritt bezahlt, und die Familie fand einen schönen Platz auf der großen Wiese. Lilly und Nikolas zogen sich in Windeseile um, schnappten sich ihre Taucherbrillen und rannten zum Bad. Die Kinder flitzten direkt ins kühle Nass und hatten eine Menge Spaß. Sie sprangen vom Ein-Meter-Brett und dem kleinen Sprungturm, kletterten auf die bunte Badeinsel und probierten den Spielplatz aus, der allerdings eher etwas für die Kleineren war. Am späten Nachmittag machte sich Familie Sonnenschein schließlich wieder auf den Rückweg zum Ferienhof.
„Lina hat gestern vorgeschlagen, dass wir gemeinsam mit ihr und ihrer Mama einen Ausflug machen", berichtete Nikolas.
„Ja, warum nicht? Wir können das ja später besprechen. Vielleicht finden wir etwas, das allen Spaß macht", schlug Papa vor. Mama nickte.

10

Nachbarschaftshilfe und der Schatten am Lagerfeuer

Lina war bereits aus dem *PanoramaPark* zurück und half Harry bei der Stallarbeit, als Lilly und Nikolas auf den Hof kamen. „Na, wo wart ihr heute?“, fragte das Mädchen interessiert.

„Erst waren wir in einer Ausstellung mit Dinosauriern und dann in einem Freibad. Das war echt toll! Ein riesiges Bad, sag ich dir“, berichtete Lilly und fragte: „Wie war es bei euch in dem Park?“

„Das war super! Wir waren rodeln, sind mit der Wasserbahn gefahren und haben viele Tiere in dem Wildpark gesehen. Wir sind auch erst vor einer halben Stunde zurückgekommen, und seitdem gehe ich Gerti und Harry zur Hand“, erzählte Lina.

„Habt ihr endlich die Ponys gefunden?“, wollte Lilly wissen.

„Nein! Die sind immer noch spurlos verschwunden. Ich habe heute noch einmal mit der Polizei gesprochen, dort gab es keine Neuigkeiten. Auch der Aufruf im Radio ist leider bisher ohne Erfolg geblieben. Wir haben eben damit begonnen, Zettel mit einem Suchaufruf zu verteilen. Hoffentlich haben wir damit mehr Glück“, antwortete Harry etwas traurig.

Aber als er die deprimierten Gesichter der Kinder sah, schlug er vor: „Wie wäre es zur Aufmunterung von uns allen heute Abend mit einem Lagerfeuer und Stockbrot?“

„Cool!“, rief Nikolas, und auch die Mädchen stimmten begeistert zu.

„Da fällt mir ein, die Schubkarre hat einen Platten, und wir bekommen das heute nicht mehr gerichtet. Habt ihr Lust, mit mir zum Nachbarn zu gehen und eine auszuleihen?", wandte sich Lina an die Geschwister.
„Ja klar, wollen wir sofort los?", fragte Nikolas voller Elan.
„Können wir machen. Lass uns nur eben unseren Eltern Bescheid geben, dass es heute Abend ein Feuer gibt und wir zum Nachbarn gehen", stimmte Lina zu und ließ sich von Harry noch schnell den Weg beschreiben.
„Gib uns doch einige Suchplakate mit, dann können wir die auf dem Weg verteilen oder an Bäume pinnen", schlug Lilly vor.
„Gute Idee, Lilly! Dann geht ihr zu Herrn Kruse, und ich bereite hier alles vor", sagte Harry abschließend und gab ihnen sechs Zettel mit dem Suchaufruf sowie Klebeband und Reißzwecken zum Befestigen.
Kurz bevor die drei den Hof verließen, kam Gerti ans Fenster und rief: „Ich habe eben mit dem Hansi, also Herrn Kruse, telefoniert. Er weiß Bescheid, dass ihr kommt und die Schubkarre holt."
Unterwegs befestigten die Kinder sechs Plakate an Laternenpfählen. Als sie wenig später auf dem benachbarten Hühnerhof ankamen, stand ein Eierwagen auf dem Hof, ein anderes Auto parkte im Schatten, und ansonsten war weit und breit keine Menschenseele zu sehen.
Auf ihr Klingeln öffnete niemand, sodass die drei Freunde beschlossen, zum Stall zu gehen. Die Stalltür war nur angelehnt, und so rief Nikolas: „Hallo, Herr Kruse, sind Sie da?" Es kam keine Antwort.
„Irgendwie finde ich es hier etwas unheimlich", bemerkte Lina leise.
„Ich auch!", flüsterte Lilly. Sie hatte das Gefühl, beobachtet zu werden.
„Ach, kommt, wir schauen einfach mal rein. Irgendwo muss er ja sein. Herr Kruse weiß schließlich, dass wir die Schubkarre holen kommen",

forderte Nikolas die beiden Mädchen auf und öffnete vorsichtig die leise quietschende Scheunentür. Er ging ein paar Schritte hinein.
„Riecht ihr das?“, fragte Lina, die neben ihn trat. „Er scheint auch Pferde zu haben.“
Die Geschwister nickten. Als ihre Augen sich an die Dunkelheit gewöhnt hatten, sahen sie Eierpaletten in einer Ecke stehen, eine Schubkarre lehnte an der Wand, daneben ein großer Sack Sägespäne.
„Dort ist eine Karre. Aber ich weiß nicht, ob das die für Gerti ist“, überlegte Nikolas laut.
„Ich wusste gar nicht, dass Hühner auch auf Sägespänen stehen“, sagte Lilly.
Ehe einer der anderen antworten konnte, ging die Stalltür komplett auf, und eine donnernde Stimme ertönte: „Was habt ihr in meinem Stall zu suchen?“ Die Kinder erschraken.

„Wir kommen für Frau Schrader vom Nachbarhof und wollen die Schubkarre holen“, ratterte Nikolas schnell herunter.
„Auf unser Klingeln und Rufen hat niemand reagiert, deshalb haben wir Sie gesucht“, ergänzte Lilly.
Der Hühnerbauer Hansi entspannte sich sichtlich und antwortete dann in freundlicherem Ton: „Jau, die liebe Gerti, ja, die hat angerufen. Dann nehmt euch den Karren dort.“
„Sie haben bestimmt viele Hühner?“, fragte Lina, und wies auf den Eierwagen im Hof.
„Ja, genau“, bestätigte Hansi Kruse.
„Dürfen wir sie mal sehen?“, fragte Lilly neugierig und erzählte: „Bei Gerti dürfen wir morgens immer die Eier aus dem Stall holen.“
„Hmm ... Das läuft hier ein bisschen anders. Aber wenn es sein muss. Hier entlang“, gebot er den drei Kindern, ihm zu folgen. Sie entfernten sich vom Stall und traten in ein Nachbargebäude. Dort scharrten zahlreiche Hühner auf dem Boden, auf dem vereinzelt Sägespäne und Sägemehl zu finden war. „Wie ihr seht, gibt es hier gar nicht viel zu sehen“, sagte der Landwirt schroff und verließ direkt wieder den Stall.
Beim Hinausgehen fragte Lina: „Haben Sie auch noch andere Tiere außer den Hühnern?“
„Nein, ich habe nur Hühner. Für mehr habe ich keine Zeit“, antwortete er wortkarg und verschloss die Tür. „Nun nehmt die Schubkarre und seht zu, dass ihr zurückkommt. Grüßt Gerti von mir, woll?“, verabschiedete er die drei.
Auf dem Rückweg tauschten sich die drei Ferienfreunde über ihre Beobachtungen aus. „Das ist wirklich ein komischer Kauz“, meinte Lilly nachdenklich.

„Ich weiß auch nicht, aber irgendwas passt da nicht zusammen“, bemerkte Lina. „Zum Beispiel riecht es im Stall ein ganz kleines bisschen nach Pferd, aber dieser Herr Kruse sagt, er hat nur Hühner.“

„Ja, in der einen Minute ist er freundlich und dann wieder super abweisend und unhöflich.“ Nikolas schüttelte den Kopf. „Komisch, oder?“

„Vielleicht bekommen wir ja noch mal die Möglichkeit rüberzugehen, dann können wir uns genauer umschauen“, hoffte Lilly.

„Hoffentlich!“, sagte ihr Bruder.

Als sie auf den Sonnenhof zurückkamen, herrschte dort lebhaftes Treiben. Gerti stellte Bänke auf, und Harry entzündete das Feuer. Die Kinder brachten ihnen die Schubkarre.

„Wie lieb von euch. Vielen Dank! Ich habe schon Stockbrotteig vorbereitet. Holt eure Eltern, dann können wir gleich starten“, sagte Gerti.

Die Freude war bei allen groß. So gesellten sich auch Mama und Papa mit Linas Mama Simone zur Feuerstelle.

Während das Stockbrot im Feuer röstete, tauschten sich die Kinder über ihre Erlebnisse an diesem Tag aus, und die Erwachsenen unterhielten sich angeregt über das Wandern.

„Ihr solltet unbedingt die ‚Golddorfroute‘ laufen. Sie führt auch durch den Ort und ist eine richtig schöne Wanderung“, schlug Gerti den Erwachsenen vor.

„Simone, wandert ihr auch gerne?“, fragte Mama, an ihre Nachbarin gewandt. „Nikolas erzählte gestern, dass die Kinder die Idee hatten, mal etwas gemeinsam zu unternehmen.“

„Ja, wir sind viel draußen unterwegs!“, antwortete Simone.

„Ich weiß allerdings nicht, ob die Wanderung so spannend für Kinder ist“, warf Harry ein.
„Gut zu wissen! Dann gehen wir Eltern wandern, während sich die Kinder die Zeit auf dem Hof vertreiben, und wir machen ein anderes Mal einen gemeinsamen Tagesausflug?“, schlug Papa vor.
„Das ist eine schöne Idee!“, stimmte Linas Mama erfreut zu. „Was habt ihr denn für die nächsten Tage geplant?“
Die drei Freunde bekamen die Unterhaltung mit und jubelten. Während die Eltern sich über die geplanten Ausflüge austauschten, gab Gerti ihre Tipps dazu. Das Lagerfeuer knisterte, die Kinder knabberten an ihrem warmen Stockbrot und gingen zu Gruselgeschichten über. Nikolas hatte seine Schauergeschichte von den Irrlichtern, die geizige Wanderer ins Moor lockten, gerade beendet, als Linas Kopf nach hinten schnellte und sie angestrengt in die Dunkelheit spähte.
Lilly und Nikolas blickten einander fragend an. Lilly hob gerade die Hand, um Lina anzutippen, als diese wisperte: „Habt ihr das auch gesehen? Ich glaube, da war ein Schatten!“
„Oha, war dir die Geschichte zu schaurig?“, fragte Nikolas grinsend.
„Lina sieht Gespenster, Lina sieht Gespenster. Huhuuuu!“, sang Lilly lachend.
„Nein, jetzt hört mal auf! Ich meine das Ernst. Es schien, als wäre da etwas in den Stall gehuscht!“
Die Geschwister sahen sie skeptisch an. „Okay, vielleicht war es eine Katze“, gab Lina schließlich achselzuckend zu.
Lilly startete mit der nächsten Geschichte, so war der Vorfall schnell wieder vergessen, und sie ließen den geselligen Abend gemütlich ausklingen.

11

Weit und hoch hinaus am Biggesee

Am nächsten Morgen schliefen Mama und Papa aus, und die Kinder sammelten Eier. „Unsere Eltern haben gestern übrigens beschlossen, dass wir euch in den nächsten Tagen zu einem Ausflug nach Warstein begleiten. Da gibt es wohl einen schönen Tierpark. Wir waren zwar schon in einem, aber Tiere gehen bei Mama und mir immer“, erzählte Lina begeistert.

„Wie toll, das wird bestimmt super!“, freute sich auch Lilly.

Im Anschluss brach Lina mit Simone zu einem Ausflug auf, während Lilly und Nikolas zu Harry in den Stall gingen. Während sie sich über die allgemeine Arbeit auf dem Hof unterhielten, fiel der Blick ihres Gastgebers auf eine Stallwand, und er stutzte plötzlich: „Hat einer von euch die beiden Halfter gesehen, die hier an der Wand hingen?“

Die Geschwister schüttelten den Kopf. „Was für Halfter?“, hakte Lilly nach.

„Hier hingen ein grünes und ein rotes Halfter von den Ponys. Gestern waren sie doch noch da. Muss ich direkt mal Gerti fragen“, antwortete er beim Hinausgehen.

Kurz darauf kam Harry kopfschüttelnd zurück. „Tja, Gerti weiß es auch nicht. Wirklich eigenartig.“

„Nikolas, erinnerst du dich? Lina meinte doch gestern, einen Schatten gesehen zu haben!“, flüsterte Lilly ihrem Bruder aufgeregt zu.

„Stimmt, du hast recht! Aber warum sollte jemand Halfter klauen?“, überlegte Nikolas laut. Lilly zuckte mit den Schultern und hatte auch

keine Antwort. Bevor sie mit Harry über den Vorfall sprechen konnten, steckte Mama den Kopf durch die Stalltür und rief: „Lilly, Nikolas, kommt ihr? Wir wollen jetzt gleich los."
„Wir fahren jetzt zum Biggesee!", erzählte Lilly, und die Kinder verabschiedeten sich.
„Wisst ihr, was wir in diesem Urlaub bisher noch gar nicht gemacht haben?", überlegte Mama während der Autofahrt.
„Was denn?", fragten Nikolas und Lilly gleichzeitig.
„Tretboot fahren."
„Stimmt! Das geht auf dem Biggesee doch garantiert", stimmte Nikolas zu.
„Au ja, das ist eine gute Idee! Gut, dass wir die Schwimmsachen heute Morgen gleich untergezogen haben", entgegnete Lilly.

Am Biggesee parkten sie in der Nähe vom Bahnhof und spazierten zum Tretbootverleih. „Wir hätten gerne für eine Stunde ein Tretboot", sagte Papa zum Verleiher und bezahlte.
Anschließend konnten sie direkt aufsteigen und strampelten motiviert drauflos. Währenddessen zogen Lilly und Nikolas ihre Shorts und T-Shirts aus und sprangen mitten auf dem See ins Wasser. Mama tat es ihnen gleich, während Papa im Tretboot wartete. „Der Kapitän bleibt immer an Bord", sagte er zwinkernd.
Die Stunde verging viel zu schnell. Dennoch waren die Kinder von der glühenden Hitze und dem Schwimmen erschöpft. „Lasst uns in dem Restaurant am Bahnhof eine Kleinigkeit zu Mittag essen. Dann überlegen wir, was wir als Nächstes machen", schlug Mama vor, während sie zurück zur Anlegestelle trampelten.

„So, da sind wir wieder!“, begrüßte Papa den Mann am Bootsverleih.
„Hat es euch gefallen?“
„Ja, es war super!“, antwortete Nikolas strahlend.
„Seid ihr zum ersten Mal am Biggesee?“
„Ja, genau, wir machen Urlaub hier im Sauerland. Auf einem richtig schönen Bauernhof“, erzählte Lilly begeistert.
„Da habt ihr euch aber auch eine tolle Region ausgesucht!“, bestätigte der Bootsverleiher. „Wart ihr denn schon in der *Atta-Höhle* und am *BiggeBlick*?“
„In einer Höhle waren wir hier schon, aber was ist denn der *BiggeBlick*?“, fragte Lilly neugierig.
„Oh, da solltet ihr unbedingt hin, bevor ihr wieder zurückfahrt!“, empfahl der Bootsverleiher. „Das lohnt sich!“ Er verriet nichts weiter, sondern erklärte Papa lediglich den Weg.
„Lasst uns doch später mal schauen, was das ist“, meinte Mama, während sie zurück zum Auto gingen. „Aber erst essen wir etwas.“
Im Restaurant angekommen, ging das Rätselraten los. „Hmm, *BiggeBlick* ... Vielleicht ist das ja ein Fenster, wo man einen Blick unter Wasser werfen kann?“, mutmaßte Nikolas.
„Oder vielleicht ist das auch der Name von einer Eisdiele?“, riet Lilly.
„Wartet's doch einfach mal ab. Ihr werdet es gleich sehen!“, warf Mama lachend ein.
Nach dem Essen fuhren sie zum besagten Ausflugstipp. Sie hielten wie empfohlen am Parkplatz Waldenburg. „Von hier aus kommen wir nur zu Fuß weiter“, erklärte Papa, während Lilly und Nikolas sich bereits suchend nach dem geheimnisvollen *BiggeBlick* umschauten.
„Da vorn ist ein Schild mit einem Bild!“, rief Nikolas.

Tatsächlich stand auf der anderen Straßenseite eine Hinweistafel, die auf die Sehenswürdigkeit hinwies. Direkt daneben sah man eine Abbildung vom *BiggeBlick*.

„Ach so, es ist eine Aussichtsplattform!" Lilly hatte es auf den ersten Blick erkannt.

„Das sieht ja ganz nett aus, aber liegt ziemlich weit oben. Na, dann mal los!", forderte Mama die Familie auf, während sie Papa den Rucksack zuwarf. Das erste Stück des Weges führte steil bergauf, sodass Familie Sonnenschein ganz schön ins Schwitzen kam. Zum Glück war der Weg schattig und gut zu laufen. „Komm, lass uns hier neben dem Weg über den Waldboden laufen!", schlug Lilly ihrem Bruder vor.

„Au ja! Schau mal, da vorn! Siehst du das Eichhörnchen da am Baum?", fragte er und zeigte in den Wald.

Lilly nickte und hielt sich den Finger vor den Mund: „Pssst!"

So waren die Kinder bei dem Aufstieg mit Eichhörnchensuchen und Bäumeraten beschäftigt. Oben angekommen, führte der Weg an einem kleinen Waldspielplatz vorbei und auf eine Hütte zu. „Hier ist an den Wochenenden im Sommer sicher viel los!", überlegte Papa laut, als er die Hütte in Augenschein nahm und seine Kamera zückte. „Am Wochenende gibt es Essen und Getränke und man kann nett draußen sitzen."

Direkt hinter der Holzhütte lag der *Bigge-Skywalk*.

„Boah, was für ein Ausblick!", rief Lilly staunend. Die Kinder stiegen auf die Metallkonstruktion, und auch Papa nahm die Aussicht in Augenschein. Mama dagegen war die Höhe nicht geheuer, und sie blieb am Rande stehen. Aber auch von hier aus konnte sie die umliegende Landschaft und den See betrachten.

„Schaut, hier auf der Tafel steht, dass der weiße Teil in der Mitte die Nadel ist. Sie ist abends schön beleuchtet. Das sieht bestimmt toll aus!“, erzählte Mama und wies auf das Hinweisschild am Rand.
„Schaut mal, da unten, die ganzen Segelboote!“, sagte Lilly und deutete unter ihnen auf die Bucht.
„Total schön. Und da hinten kommt ein Schiff um die Ecke!“, bemerkte Nikolas.
„Stimmt, hier auf dem See kann man auch Rundfahrten machen. Das habe ich in dem Prospekt gesehen“, warf Lilly ein.
„Es wäre auch schade, wenn nicht, schließlich ist der Biggesee der größte See in der Region“, meinte Mama.
„Dann mal los, machen wir uns auf den Rückweg!“, schlug Papa kurze Zeit später vor.
Nach den ereignisreichen letzten Tagen war das genügend Ferienprogramm für diesen Tag, und sie fuhren zurück zum Bauernhof. Auf dem Weg kamen sie an einer Bäckerei vorbei, in der sie sich mit Brötchen für den Abend eindeckten.
„Dürfen wir vor dem Essen noch raus?“, fragte Nikolas.
„Ja, klar, von mir aus!“, antwortete Papa und freute sich auf ein paar ruhige Minuten im Liegestuhl.
„Wir müssen Lina gleich unbedingt erzählen, dass die Halfter im Stall verschwunden sind!“, flüsterte Lilly ihrem Bruder zu. Dieser streckte den Daumen nach oben.

12

Der komische Kauz von nebenan

Auch Lina und ihre Mutter kehrten bereits am frühen Nachmittag von ihrem Ausflug zurück. Als sie auf dem Sonnenhof eintrafen, striegelten Lilly und Nikolas gerade die Pferde.

„He, ihr beiden. Ihr seid heute aber früh zurück!", freute sich Lina. „Gibt es etwas Neues von den verschwundenen Ponys?"

„Nein, leider nach wie vor nicht", antwortete Nikolas.

„Heute lassen wir es mal ruhiger angehen", erklärte Lilly ihre zeitige Rückkehr. „In den letzten Tagen hatten wir volles Programm, und auch morgen wird ein langer Tag. Wir wollen ins *Fort Fun*, kennst du das?"

„Hab ich schon mal gehört. Erzählt mir morgen mal, was es da alles gibt, wir sind ja noch ein paar Tage hier", antwortete sie.

Die Geschwister versprachen es und brachten ihre Ferienfreundin dann auf den neusten Stand in Bezug auf die Halfter.

„Dann hatte ich also recht, und es war wirklich ein Schatten", bemerkte Lina schaudernd.

„Auf der anderen Seite ist damit ganz klar, dass die Ponys nicht einfach von selbst verschwunden sind. Das ist schon irgendwie unheimlich!"

Die drei sahen einander bedrückt an.

Gerti betrat mit einem großen Korb den Hof. „Ach, da schau her, alle Ferienkids wieder versammelt! Habt ihr schon was vor?"

Die drei schüttelten den Kopf. „Sollen wir die Schubkarre später zurück zum Nachbarn bringen?", fragte Lilly und zwinkerte Lina und Nikolas verschwörerisch zu.

„Das wär aber nett von euch! Würdet ihr das wirklich machen?“, fragte Gerti erfreut und gab Harry den Korb.
„Klar, machen wir! Soll sie sofort zurück?“, fragte Nikolas.
„Ich habe hier gerade Äpfel gebracht. Habt ihr Lust, die an die Pferde zu verfüttern? Dann könnt ihr mit der Schubkarre los, wenn ihr wollt. Ich denke, Hansi ist inzwischen von seiner Mittagstour zurück“, antwortete Gerti. „Ich stelle euch die Karre auf den Hof. Dann grüßt mir den Hansi, woll? Und sagt, er hat was gut.“
„Yeah, super Idee, Lilly! So haben wir einen Grund, wieder rüberzugehen. Vielleicht können wir uns dann noch mal umschauen“, lobte Lina, als sie mit dem Korb voller Äpfel zu den Weiden gingen.
„Wisst ihr noch? Hier habe ich den Anhänger gefunden!“, bemerkte Lilly, als sie den verschlossenen Weidezaun erreichten.
„Ob der wohl etwas mit dem Verschwinden der Ponys zu tun hat?“, überlegte Nikolas laut. „Die ganze Sache ist ja schon recht mysteriös.“
„Wer weiß?! Irgendwo müssen Lisa und Moritz ja sein. Das gibt's doch gar nicht!“, schimpfte Lina.
Nachdem sie die Äpfel an die Pferde verfüttert hatten, holten sie die Schubkarre und machten sich auf den Weg zum Nachbarn. Als die Freunde ankamen, stand der Eierwagen in der Einfahrt und ein weiteres Auto mitten auf dem Hof. „Er hat wohl Besuch?“, stellte Lina fest.
„Nee, wartet mal“, sagte Lilly und blieb am Auto stehen. „Ist das nicht das Auto, das gestern da hinten im Schatten stand?“
Die beiden anderen dachten nach. „Ja, du hast recht. Das war auch dunkelblau und länglich“, bestätigte Lina.
„Stimmt“, sagte Nikolas und stutzte: „Lina, Lilly, schaut mal, der rote Aufkleber auf dem Heckfenster!“

„Da steht ja ‚Feuerwehr'! Vielleicht ist einer der Männer zu Besuch, die wir kennen!", antwortete Lina und warf einen Blick durch das Fenster in das Innere des Wagens.
„He, was macht ihr an unserem Auto?", ertönte in diesem Moment eine aufgebrachte Stimme hinter ihnen. Sie gehörte einem Jungen, der gerade aus dem Stall kam. Die drei Kinder zuckten zusammen und schauten einander überrascht an.
„Wir bringen die Schubkarre von Frau Schrader zurück", beeilte Nikolas sich zu erklären.
„Okay, ich hole meinen Vater", sagte der Junge und ging in den Stall zurück. Kurze Zeit später kam Herr Kruse herbeigeeilt. „Ach, ihr seid es! Danke. Stellt sie einfach hier vorne ab, ich bringe sie gleich rein."
„Alles klar. Wir sollen Ihnen ein Dankeschön von Frau Schrader ausrichten", ergänzte Lilly. Dass er etwas gut hatte, verschwieg sie wohlweislich.
„Jo, kein Problem. Dann seht zu, dass ihr wieder zurückkommt!"
Nikolas ging zum Scheunentor, stellte die Schubkarre ab und schnupperte. „Das wird immer komischer", meinte Lilly auf dem Rückweg.
„Allerdings!", bestätigte Nikolas, in Gedanken versunken.
„Eigenartig, diesen Aufkleber hat man eigentlich nur am Auto, wenn man in der Feuerwehr aktiv ist", warf Lina ein.
„Hmm ... Könnt ihr euch den griesgrämigen Hansi bei der Feuerwehr vorstellen? Wie er Brände löscht oder eingeklemmte Leute aus Autos schneidet?", warf Nikolas ein. „Da muss man doch gut im Team arbeiten und mit Menschen umgehen können, oder?" Lina und Lilly nickten.
„Wisst ihr was? Als ich die Karre eben am Stall abgestellt habe, war da wieder dieser Pferdegeruch. Wie schade, dass wir nicht mehr Zeit hatten", sagte Lilly.

„Und dieser Junge ist genauso komisch wie sein Vater“, fand Nikolas. Dem konnte Lilly nur zustimmen, es war nämlich der Junge, der sie an der Eisdiele so angestarrt hatte.
Die letzten Meter legten sie nachdenklich und schweigend zurück. Auf den Hof zurückgekehrt, holten sie sich Geld und gaben ihren Eltern Bescheid, dass sie Eis essen gingen – diesmal hoffentlich ohne schlecht gelaunte Beobachter.

In der Eisdiele bestellten sie gerade ihre Lieblingssorten, als Michi, der Feuerwehrmann mit dem verlorenen Schlüsselanhänger, vorbeikam. „Hallo, ihr drei, lasst ihr es euch gut gehen?“, fragte er, erfreut, die Kinder zu sehen.
„Hallo! Gehen Sie auch ein Eis essen?“, fragte Lilly neugierig und ergänzte: „Ich empfehle Nuss. Das schmeckt echt lecker!“
„Danke für den Tipp, das werde ich mal probieren“, antwortete er lächelnd.

„Wir haben eben einen Feuerwehrkameraden von Ihnen gesehen!", berichtete Nikolas.

„Ach, wen denn?", wollte Michi wissen.

„Wir mussten für Frau Schrader etwas zum Nachbarhof bringen. Wie hieß der Hühnerbauer noch gleich?", überlegte Nikolas und schaute Lilly und Lina fragend an.

„Meinst du Herrn Kruse?", fragte der Feuerwehrmann mit gerunzelter Stirn.

„Ah ja, genau so heißt er", bestätigte Lilly.

„Wie kommt ihr denn darauf, dass der bei der Feuerwehr ist?", wollte Michael wissen. „Hat er das erzählt?"

„Nein, nein! Er hat so einen Feuerwehr-Aufkleber hinten am Auto. Den kenne ich sonst nur von Feuerwehrleuten. Mein Onkel hat auch so einen", erzählte Lina.

„Hmm, das stimmt allerdings. Seid ihr euch sicher, dass es das Auto vom Kruse war?", hinterfragte Michi.

„Ja, ganz sicher!", bestätigte Nikolas.

„Das ist wirklich eigenartig. Er ist kein Feuerwehrkamerad von uns. Er kommt allerdings regelmäßig mit seinem Eiermobil und bietet uns seine Eier im Dorf oder an der Feuerwache an", erzählte Michael. „Das ist wirklich ein komischer Kauz. Vielleicht ist er ein Möchtegern-Feuerwehrmann. Aber was soll's. Strafbar macht er sich mit dem Aufkleber ja nicht. Dann macht euch noch einen schönen Abend!", verabschiedete sich Michi.

„Danke, für Sie auch!", antwortete Lilly.

„Fassen wir noch mal alles zusammen?", schlug Lina auf dem Rückweg vor. Lilly und Nikolas nickten.

„Zwei Ponys verschwinden von der Weide, das Gatter ist jedoch geschlossen. Vor dem Zaun liegt ein Schlüsselanhänger ohne Schlüssel, der während eines Feuerwehreinsatzes geklaut wurde“, zählte Nikolas auf.
„Auf dem Auto des Nachbarn klebt ein Feuerwehr-Aufkleber, obwohl er gar nicht bei der Feuerwehr ist. Herr Kruse ist sehr unfreundlich, möchte nicht, dass wir uns länger auf dem Hof aufhalten, und es riecht nach Pferd, obwohl er nur Hühner hat. Sehr verdächtig“, ergänzte Lina.
„Dann verschwinden zwei Halfter aus dem Stall, während wir alle nur wenige Meter entfernt am Lagerfeuer sitzen“, sagte Nikolas.
„Das gibt's doch nicht! Wisst ihr noch, was Jürgen gesagt hat, als er von dem Tag erzählte, als der Anhänger verschwunden ist?“, fragte Lilly ganz aufgeregt. Die beiden anderen schüttelten den Kopf. „Er sagte, dass es an dem Tag sehr chaotisch zuging und das Eiermobil auf den Hof kam und alle drumherum rangieren mussten“, erinnerte sie sich.
Nikolas riss die Augen auf: „Du hast recht, Lilly! Was ist, wenn der Hühnerbauer den Anhänger vom Schlüssel entfernt hat?“
Die drei verfielen in nachdenkliches Schweigen. „Vielleicht sollten wir Gerti und Harry oder zumindest unseren Eltern davon erzählen?“, überlegte Lina laut. „So ganz geheuer ist mir das nicht!“
„Ich denke, wir sollten den im Auge behalten. Lasst uns noch mal zum Hof gehen und uns auf die Lauer legen!“, schlug Nikolas vor.
Das taten sie, doch leider tauchte weder der komische Nachbar auf noch war irgendetwas von den Ponys zu hören oder zu sehen. Nach einer Stunde gaben die Kinder auf und kehrten zum Ferienhof zurück, bevor ihre Eltern für sie eine Vermisstenanzeige aufgeben mussten.

13

70 Fußballfelder unter Tage

Als die Geschwister morgens die Eier aus dem Hühnerstall holten, fehlte von Lina jede Spur. „Ob Lina und Simone schon unterwegs sind?“, überlegte Lilly laut.

„Gut möglich. Meinst du, sie behält die Geschichte mit dem Nachbarn erst mal für sich?“, fragte Nikolas und runzelte die Stirn.

„Gute Frage. Wir sind solche geheimen Aktionen ja inzwischen schon gewöhnt, aber wenn man das gar nicht kennt, ist das wirklich ganz schön unheimlich“, erwiderte seine Schwester.

„Na, warten wir es mal ab!“, antwortete Nikolas und reichte Gerti die gesammelten Eier durch die Küchentür.

„Kommt ihr, wir müssen los!“, forderte Mama die Kinder auf, als diese gerade um die Hausecke bogen.

„Ja, wir sind schon da!“, antwortete Nikolas.

Der erste Ausflug an diesem Tag führte die Sonnenscheins nach Ramsbeck ins *Sauerländer Besucherbergwerk*.

„Ich bin schon sehr gespannt, was uns da bekannt vorkommt. Immerhin haben wir in unseren Urlauben im Ruhrgebiet und im Erzgebirge viel über die Arbeiten unter Tage gelernt. Weißt du noch, das Tagebuch von Josef und das von seinem Sohn Martin?“, fragte Lilly während der Fahrt an ihren Bruder gewandt.

„Klar! Das war echt megaspannend!“, erinnerte er sich.

„Das war wirklich eine verrückte Geschichte“, stimmte auch Papa zu und ergänzte: „Wir haben später übrigens eine Überraschung für euch.“

„Überraschung? Habe ich da was von Überraschung gehört?“, fragte Lilly ganz aufgeregt.
„Psst, nichts verraten!“, warnte Mama und stupste Papa schelmisch an.
Am Museumseingang war den Kindern schnell klar, was die Überraschung des Tages war. Papas Schwester Sarah stand vor dem Besucherbergwerk. Die Freude der Kinder war riesig, und sie stürmten auf ihre Tante zu.
„Wie schön! Was machst du denn hier?“, fragte Lilly und hüpfte um sie herum.
„Ich habe mir spontan freigenommen und komme heute mit euch. Wo ihr schon in Nordrhein-Westfalen seid, muss ich euch doch wenigstens einmal sehen“, gab sie zurück.
Gemeinsam betraten sie die Eingangshalle, und Mama bezahlte. Anschließend schlenderten sie durch die Ausstellung, sahen alte Werkzeuge sowie eine Lore, kletterten auf riesige Maschinen und bestaunten buntglitzernde Fundstücke aus dem Erz-, Blei- und Silberabbau.
Die Lautsprecher knackten, und die nächste Führung wurde angekündigt.
„Auf geht’s in die Umkleide!“, forderte Papa den Rest der Familie auf. Hier hingen große Tonnen unter der Decke.
„Erinnert ihr euch? Damit wurde die Kleidung von den Arbeitern hochgezogen und mit einem Schloss gesichert, während sie unter Tage waren. So konnte nichts gestohlen werden“, erklärte Mama.
„Stimmt, das gab es in Dortmund in der Zeche auch! Und schaut mal, da oben hängen sogar ein paar Klamotten!“, rief Lilly.
Als sie an der Reihe waren, nahmen sie sich jeweils einen weißen Helm und folgten den anderen Gästen in den Nachbarraum. Hier wartete bereits die Grubenbahn.
„Oh, das ist aber eng“, bemerkte Mama.

„Ich setze mich einfach direkt hinter euch“, schlug Tante Sarah vor.
„Ich möchte bei Tante Sarah sitzen!“, rief Nikolas und stieg mit in das Nachbarabteil.
Wenige Minuten später schloss ein Mann die Gittertüren, und die Bahn setzte sich ruckelnd in Bewegung.
„Gut, dass die Lampe leuchtet, sonst wäre es hier stockduster!“, schrie Lilly gegen das laute Rattern des Zugs an.
„Das stimmt. Und jetzt stell dir vor, diese Fahrt mussten die Bergbauarbeiter früher Tag für Tag machen!“, antwortete Papa.
Nach etwa acht Minuten wurde die Bahn langsamer und hielt schließlich an. Ein Mann mit weißem Overall und rotem Helm begrüßte sie und führte die Gruppe durch die Grube. Dabei erfuhren sie, dass sie soeben 1,5 Kilometer gefahren waren, die Grube so groß wie 70 Fußballfelder war und der tiefste Punkt beim Rundgang 360 Meter unter der Erdoberfläche lag.
„Wow, 70 Fußballfelder? Das ist ganz schön groß!“, bemerkte Nikolas.
„Puh, gut, dass wir uns dicke Pullover mitgenommen haben!“, flüsterte Lilly Mama zu. „Hier ist es ganz schön kalt!“
„Das stimmt. Schau mal, die Frau mit dem Rock friert bestimmt“, wies Lilly auf die Besucherin vor ihnen.
„Bei 10 Grad ist das auch kein Wunder“, sagte Mama schmunzelnd.
Die Gruppe kam an einer beleuchteten Figur der Heiligen Barbara vorbei. Sie erfuhren, dass sie als Schutzpatronin der Bergleute galt. An einer großen Maschine mit Bohrern blieben sie erneut stehen.
„Könnt ihr euch vorstellen, dass man mit diesen zwei Bohrern nur sehr schleppend voran kam? Für etwa sechs bis acht Meter brauchte man ein ganzes Jahr“, erzählte ihnen der Museumsführer.

Dann berichtete er von dem unvorstellbaren Lärm, bei dem die Bergleute unter Tage ständig arbeiten mussten. Er schaltete die Maschine ein, um ihnen kurz die Lautstärke zu demonstrieren.

„Puh, das könnte ich nicht! Da sitze ich lieber acht Stunden in der Schule“, meinte Lilly.

Nach der interessanten Führung stiegen sie zurück in die Grubenbahn.

„Wir waren tatsächlich eine ganze Stunde hier unten“, sagte Papa mit Blick auf seine Uhr.

„Das war ja ganz interessant, aber jetzt wird es Zeit, dass wir wieder ans Tageslicht kommen“, antwortete Tante Sarah.

„Juchu, und jetzt gleich geht es Achterbahn fahren!“, rief Nikolas aufgeregt. „Kommst du da auch noch mit?“, wollte er von seiner Tante wissen.

„Ja klar, den Spaß lasse ich mir doch nicht entgehen!“, antwortete sie.

14

Großer Spaß im Abenteuerland

Nach den spannenden Eindrücken unter Tage sollte es aktiv weitergehen, und so machte sich Familie Sonnenschein mit Tante Sarah auf den Weg in den *Freizeitpark Fort Fun*. Zur Freude der Kinder lag dieser nicht weit entfernt.

„Schaut nur, da sieht man schon das Riesenrad!“, rief Lilly aufgeregt.

„Und da fährt eine Bahn!“, ergänzte Nikolas. Die Kinder konnten es kaum erwarten. Wenige Minuten später standen sie im Abenteuerland und blickten auf eine mexikanische Welt mit Kakteen und einem Wildwasserfluss. „Los Rápidos“, las Lilly vor. „Kommt schnell, das müssen wir unbedingt ausprobieren!“

Nach der wilden Fahrt durch die Stromschnellen schlug Papa vor, zunächst an das andere Ende des Parks zu gehen und den Rundgang dort zu starten. Das kam den Kindern ganz gelegen, denn so konnten sie vorlaufen und in Ruhe ihre Gedanken über den seltsamen Nachbarn ihres Ferienhofes austauschen. „Es lässt mir keine Ruhe. Ich frage mich die ganze Zeit, wieso der Hühnerbauer diesen Feuerwehraufkleber an seinem Auto kleben hat, wenn er gar nicht bei der Feuerwehr ist“, überlegte Nikolas laut.

„Echt seltsam. Vielleicht wohnt er noch nicht lange hier und war früher bei der Feuerwehr?“, vermutete Lilly.

„Hmm ... Das sollten wir Gerti mal fragen. Vielleicht weiß sie, wie lange er schon hier lebt.“

„Gute Idee, das machen wir gleich heute Abend!“, stimmte Lilly zu.

Die folgenden Stunden verbrachten die fünf mit wilden Fahrten in unterschiedlichen Wasser- und Achterbahnen, fuhren mit dem Santa Fé Express, einer original amerikanischen Western-Eisenbahn, und erkundeten den Park, sodass sie wieder abgelenkt waren.
„Die Kulissen sind echt cool!", meinte Nikolas während der Fahrt.
„Ja, und so schön bunt", bestätigte Lilly.
„Knurrt euch nicht auch langsam der Magen?", fragte Papa irgendwann in die Runde.
Die Kinder blickten auf ihre Bäuche, die verdächtig grummelnde Geräusche machten. „Oh doch, ich hab einen Bäääärenhunger!", erwiderte Lilly und lachte. Auch die Erwachsenen hatten vor lauter Aufregung gar nicht bemerkt, wie hungrig sie schon geworden waren.
„Da vorn ist ein Western-Saloon, da gibt es sicher Pommes", sagte Mama und zeigte auf ein weißes Gebäude mit blauer Umrandung.
Kaum hatten alle aufgegessen, wurden Lilly und Nikolas wieder ungeduldig. „Dürfen wir schon mal rausgehen?", bettelte Nikolas.
„Ja, aber geht nicht zu weit weg, wir sind auch gleich fertig und kommen hinaus", stimmte Mama zu. Tante Sarah erbarmte sich und ging mit den Kindern voraus zum Kettenkarussell.
Auf dem Weg fragte sie die Kinder: „Und, wie gefällt es euch auf dem Bauernhof?"
„Der Hof ist toll, und die Besitzer Gerti und Harry sind supernett", berichtete Lilly und ergänzte: „Mit uns ist noch ein anderes Mädchen auf dem Hof. Morgen machen Lina und ihre Mama sogar einen Ausflug mit uns. Das wird bestimmt lustig."
„Leider sind direkt bei unserem Urlaubsbeginn zwei Reitponys verschwunden. Da ist die Aufregung natürlich groß", erzählte Nikolas.

„Oh je, wie schade. Aber wie ich euch kenne, habt ihr Junior-Detektive doch sicher schon eine Spur, oder?“, hakte Tante Sarah nach.
Nikolas zuckte nur mit den Schultern, und die Geschwister grinsten einander an. Ihre Tante lachte. Eine weitere Antwort blieben sie ihr schuldig, weil sie das Karussell erreichten. Lilly und Nikolas stiegen ein und sausten ein paar wellenförmige Runden durch die Lüfte.
Als sie ausstiegen, waren auch Mama und Papa dazugestoßen. So gingen alle zusammen zur Schiffschaukel und begaben sich zu fünft auf einen wilden Ritt auf hoher See. Mama war auf dem mittleren Sitz gut aufgehoben.
„Puh, das ging nach dem Essen aber ordentlich auf den Magen, oder?“, fragte Lilly, als sie ausstiegen. Mama und Sarah nickten zustimmend.
„Dann lasst uns doch jetzt was Entspannendes machen“, schlug Papa vor. Auf der anschließenden Fahrt mit den selbstfahrenden Traktoren beruhigten sich alle Mägen wieder.
„Aber einmal müssen wir zum Abschluss noch auf das Riesenrad!“, bat Nikolas.
„Das könnt ihr mit Papa und Tante Sarah machen!“, antwortete Mama, die bereits bei dem Anblick weiche Knie bekam und in der Schiffsschaukel genug gelitten hatte.
Die beiden mussten nicht erst lange überredet werden, und Papa sagte: „Dann lasst uns den Park mal von oben anschauen!“
So stiegen sie zusammen ein, und die weiße Gondel setzte sich zügig in Bewegung.
„Wow, was für eine Aussicht!“, schwärmte Lilly wenige Minuten später. „Das lohnt sich!“ Die Sauerländer Hügellandschaft lag ihnen zu Füßen, und von hier oben konnten sie die vielen bunten Fahrgeschäfte sehr gut sehen.

Am späten Nachmittag wurde es deutlich leerer im Park, und so drehten sie eine letzte Runde, um noch einmal mit den beliebtesten Bahnen zu fahren. Sie hatten Glück und mussten nirgends mehr anstehen.
Als sie wieder auf dem Parkplatz waren, wurde es Zeit, sich von Tante Sarah zu verabschieden. „Es war sooo schön, dass du uns besucht hast. Und voll cool, dass du mit uns Achterbahn gefahren bist!", sagte Nikolas zu seiner Tante.
Nach einer letzten Umarmung ging es für die Sonnenscheins zurück zum Sonnenhof und für Tante Sarah nach Hause in die Nordeifel.
Lina und Simone trafen gleichzeitig mit ihnen bei Schraders ein. „Dürfen wir noch eine Weile in den Stall?", fragte Nikolas.
„Ja, ein halbes Stündchen noch", erwiderte Mama.
Die Kinder gaben Lina Bescheid und verschwanden im Haus. Derweil besprachen Mama und Papa mit Simone den gemeinsamen Ausflug für den nächsten Tag. „Alles klar, dann fahren wir gegen 9.30 Uhr los", bestätigte Papa gerade, als Lilly und Nikolas aus dem Haus kamen.
„Kommt, lasst uns gehen!", forderte Lilly ihren Bruder und Lina auf.
Auf dem Weg zur Scheune berichteten die Geschwister Lina von ihrem Plan, mehr über den Nachbarn herauszufinden. „Wir suchen Gerti, dann können wir sie fragen, wie lange der Hansi hier wohnt", sagte Nikolas.
„Das ist eine super Idee!", antwortete Lina.
Auf ihrer Suche fanden sie Harry, der hinter dem Gebäude einen Traktor reparierte. „Vielleicht kann uns auch Harry mehr über den Nachbarn sagen. Lasst uns mal fragen", wisperte Lilly den anderen beiden zu. „Hallo Harry!", begrüßten sie ihn.
„Hallo, ihr drei. Die Zossen sind leider immer noch nicht aufgetaucht", sagte er.

„Die was?“, fragte Lina kichernd.
„Meinst du die Ponys?“, fragte Nikolas.
„Haha, ja entschuldigt. ‚Zossen‘ sagt man hier manchmal zu Pferden“, erklärte Harry.
„Können wir dir helfen?“, fragte Lilly nicht ganz ohne Hintergedanken.
„Das ist lieb, danke, aber ich wüsste nicht, wie. Hattet ihr einen schönen Tag?“, erwiderte Harry.
Die Geschwister berichteten von ihrem Ausflug und schwärmten vom Freizeitpark. Lina erzählte von ihrem Ausflug zum See. Schließlich endete Lina: „Ihr habt es wirklich sooo schön hier.“
Lilly sprang ein und fragte: „Sag mal, Harry, wir waren gestern bei eurem Nachbarn, dem Hühnerbauern. Wohnt der schon lange hier?“
„Puh, gute Frage. Auf jeden Fall schon die letzten zehn Jahre“, antwortete er. „Vielleicht sogar noch länger. Da müsst ihr mal Gerti fragen. Ich komme ursprünglich aus einer anderen Ecke im Sauerland.“
Die Freunde nickten einander zu und wollten sich gerade auf die Suche nach Gerti machen, als Simone ihre Tochter zum Abendessen rief.
„Lasst uns das einfach auf morgen verschieben. Das läuft ja nicht weg, und die ersten Infos haben wir ja bekommen“, meinte Nikolas. „Wir müssen jetzt auch gleich essen.“
„Prima, dann sehen wir uns morgen. Ich freue mich schon auf den Ausflug!“, antwortete Lina.
„Das wird super!“, freute sich Lilly.

15

Der hölzerne Turm

Nachdem alle so richtig ausgeschlafen hatten, trafen sie sich pünktlich halb zehn mit Lina und Simone an den Autos. Für diesen Ferientag stand ein Ausflug Richtung Warstein auf dem Programm. „Dann fahrt ihr vor, wir folgen euch einfach", sagte Linas Mama nach der herzlichen Begrüßung. Sie stiegen ein, fuhren am schönen Hennesee vorbei und durchquerten Meschede.

„Dieser Gebirgspass, über den wir gerade fahren, heißt übrigens ‚Stimmstamm'", erklärte Mama, während sie die Grenzen der Stadt hinter sich ließen und die Landschaft wieder grüner und hügeliger wurde.

„Wir fahren über einen Stamm!", kicherte Lilly.

„Echt jetzt!?", stöhnte Nikolas und verdrehte die Augen.

„Der Turm sieht aber cool aus!", rief Lilly, als sie das braune Schild *Lörmecke-Turm* mit einer Zeichnung am Straßenrand stehen sah. „Sollen wir mal gucken?"

Sie erntete begeistertes Nicken von Nikolas.

„Dann müssen wir Simone nur irgendwie darauf aufmerksam machen", überlegte Mama laut, als das Auto den Kopf des Passes erreichte.

„Ich mach das schon!", sagte Papa und schaltete kurz den Warnblinker ein, bevor er rechts auf den Wanderparkplatz einbog. Lina und ihre Mutter hatten den Wink verstanden und bogen ebenfalls ab.

Mama stieg aus und ging zum anderen Wagen. „Die Kinder haben das Schild mit dem Turm gesehen und waren neugierig. Wollen wir ein Stück laufen?", fragte sie an Simone gewandt.

„Ja, klar, warum nicht?!", gab diese zurück.
„Ui, das ist aber ein ganz schönes Stück zu laufen!", rief Papa, der ebenfalls ausgestiegen war und einen Blick auf die Wandertafel warf. „Eine Strecke sind drei Kilometer. Aber der Turm sieht auf den Fotos richtig toll aus."
„Klar, sechs Kilometer schaffen wir!", antwortete Lilly und zog Nikolas und Lina mit sich.
„Noch mal zu dem Hühnerbauern: Wenn der schon so lange hier wohnt, wie kann es dann sein, dass sich noch niemand über den Feuerwehraufkleber gewundert hat?", fragte Lina ihre neuen Freunde.
„Gute Frage! Vielleicht, weil er die meiste Zeit mit seinem Eiermobil unterwegs ist?", erwiderte Nikolas.
„Stimmt. Vielleicht sammelt er Feuerwehr-Souvenirs? Dann hat er möglicherweise etwas mit dem Schlüsselanhänger zu tun. Aber auch mit den verschwundenen Ponys?", fragte Lilly zurück.
„Wenn nicht, wäre das schon ein sehr großer Zufall!", gab Nikolas zu bedenken. Die beiden Mädchen nickten.
Ein ganzes Stück später kam der Turm in Sicht. „Schaut mal, da hinten sieht man ihn schon!", rief Nikolas und zeigte auf den hölzernen Turm.
„Der sieht aber wirklich cool aus!", sagte Lilly.
Die letzten Meter führten über ein großes, gerodetes Waldstück. „Stellt euch mal vor, wie anders es ausgesehen haben muss, als hier noch die ganzen Bäume standen", warf Simone ein.
„Der Turm muss mitten im Wald gewesen sein!", überlegte Nikolas laut.
„Ja, bestimmt auf einer Lichtung. Schaut, da drüben gibt es vielleicht auch ein Bild, wie es hier vor der Rodung ausgesehen hat!", sagte Mama und wies auf die Bildertafeln unterhalb vom Turm.

„Der *Lörmecke-Turm* ist knapp 35 Meter hoch, und das Holz stammt von Douglasien“, las Lilly vor.

„Puh, das ist ganz schön hoch“, stöhnte Mama, der allein beim Anblick schon ganz mulmig wurde.

„Oh je, bist du nicht schwindelfrei?“, fragte Simone mitleidig.
„Nein, Höhe ist nicht so meins. Aber ich werde es mal versuchen!“, antwortete Mama.
Sie ruhten sich einen Moment auf den Waldliegen aus und erklommen dann die Wendeltreppe mit 204 Treppenstufen, die im Inneren des hölzernen Turms hinaufführte.
„Nikolas, Lina, schaut mal. Dort unten stehen zwei Holzfiguren. Habt ihr die schon gesehen?“, fragte Lilly.
„Nee, aber die sollten wir uns gleich mal genauer anschauen!“, antwortete ihr Bruder, und Lina nickte.
Oben angekommen, bot sich ihnen ein fantastischer Rundumblick. Das Wetter war so klar, dass sie kilometerweit gucken konnten. „Dahinten könnt ihr bis zum Teutoburger Wald schauen!“, rief Papa.
„Was? So weit? Das ist ja krass!“, erwiderte Lilly erstaunt und eilte schnell zu ihrem Vater. „Mann, Lilly, weißt du noch, wie wir dort auf Zeitreise waren?“, erinnerte sich Nikolas, als er zu ihnen stieß.
Währenddessen genoss Simone die Aussicht, Papa machte Fotos, und Mama betrachtete fasziniert die Konstruktion des Turms.
Solche einzigartigen Bauten weckten immer wieder ihr Interesse als Architektin. Die sechs verbrachten noch eine Weile auf der Aussichtsplattform des *Lörmecke-Turms*, ehe sie sich an den Abstieg machten.
Unten angekommen, rannten die Kinder zu den beiden Holzfiguren, und Papa machte lustige Fotos von ihnen. Die beiden hölzernen Wanderer mit dem Schirm über dem Kopf boten das perfekte Fotomotiv. Er rief auch Mama und Simone zu sich, damit alle zusammen ein Selfie machen konnten.
„Das ist doch eine schöne Erinnerung!“, freute sich Lina.

„Hier in der Nähe gibt es einen Geocache. Habt ihr Lust, einen kleinen Abstecher zu machen?“, fragte Papa.
„Der Weg ist schon so lang. Extra noch einen Abstecher, muss das sein?“, maulte Lilly.
„Nein, das ist nur ein ganz kurzer Umweg“, tröstete Papa und zeigte ihr die Karte der Geocaching-App.
„Ach, das ist ja ein Klacks. Die paar Meter, das können wir noch machen“, gab sie zurück.
„Lina, kennst du Geocaching?“, fragte Nikolas.
„Ja, mein Cousin Jonas macht das auch öfter, der hat mich schon mal mitgenommen“, antwortete die Ferienfreundin.
„Gib uns mal den Tipp!“, forderte Lilly Papa auf. Nachdem sie den Hinweis erhalten hatten, rannten die Kinder vor.
An der kleinen Waldkapelle holten die Erwachsenen die drei wieder ein. Lilly hielt den Schatz bereits triumphierend in die Höhe, und Nikolas trug ihren Geocaching-Namen in das Logbuch ein.
Als sie den Cache wieder versteckt hatten, schauten sie sich die hübsche kleine Kapelle an. Anschließend spazierten sie zurück zum Auto, dabei bemerkte Mama: „Der Weg ist wirklich gut zu laufen, leider wurde auf der Strecke so viel Wald gerodet.“
„Das stimmt. Aber manchmal muss das einfach sein, um neuem Leben Platz zu machen. Das sieht man ja sehr viel hier in der Region. Die Fichten waren alle durch die letzten trockenen Sommer und die starken Winde der letzten Jahre geschwächt, da hatten die Borkenkäfer leichtes Spiel“, gab Papa sein Wissen über den Wald preis. „Und, wer freut sich jetzt auf den Wildpark?“, fragte er in die Runde, woraufhin alle Arme in die Höhe schossen.

16

Rehe, Wildschweine und Co. im Bilsteintal

Lediglich zehn Minuten Autofahrt waren es bis zum nächsten Ferienprogrammpunkt.
„Was gibt es denn dort alles?“, fragte Nikolas während der Fahrt.
Mama zählte ein paar Tiere wie Wildschweine, Rehe und Waschbären auf. „Außerdem soll es einen schönen Waldspielplatz geben“, sagte sie.
„Hoffentlich ist der nicht nur für Babys!“, überlegte Lilly laut.
„Nein, ich glaube nicht“, erwiderte Mama.
Als sie den Parkplatz am *Wildpark Bilsteintal* erreichten, schlug Papa vor, in der Waldwirtschaft eine Kleinigkeit zu Mittag zu essen, was bei den anderen auf große Zustimmung stieß.
„Das passt super, wir haben gerade im Auto darüber gesprochen, dass etwas zu essen jetzt nicht schlecht wäre“, sagte Simone.
Sie nahmen Platz und warfen einen Blick in die Karte. „Ich werde mal die Sauerländer Potthucke probieren“, überlegte Papa laut und legte das Menü zur Seite.
Lilly verzog das Gesicht und fragte: „Das hört sich irgendwie eklig an. Was ist das?“
Papa lachte und berichtete: „Das ist eine westfälische Spezialität mit Kartoffeln.“
Die Kinder gingen auf Nummer sicher und bestellten Nudeln, während die beiden Mütter Appetit auf Suppe und Salat hatten.

Während sie auf das Essen warteten, sagte Mama: „Hier gibt es übrigens auch eine Tropfsteinhöhle, die *Bilsteinhöhle*. Die soll auch sehr sehenswert sein, die haben wir für heute allerdings nicht eingeplant, wir waren ja vor ein paar Tagen erst in einer Höhle."
„Das ist für uns völlig in Ordnung, wir waren auch gerade erst in der Atta-Höhle am Biggesee", antwortete Simone.
„Ja stimmt, die Höhle war echt cool! Da wird sogar echter Höhlenkäse gemacht. Wir waren dort, als ihr in Winterberg in dem Kletterpark wart!", berichtete Lina den Geschwistern.
Nach dem Essen betraten sie das Gelände des Wildparks. Der Eintritt war frei. Papa zog für die Kinder je eine Schachtel am Futterautomaten. Als Erstes kamen sie am großen Gehege der Sikahirsche vorbei. Die Tiere lagen jedoch im Schatten und machten keine Anstalten aufzustehen.
„Schade, dass sie so weit weg sind", sagte Lilly enttäuscht und rappelte mit der Futterbox.
„Die haben bestimmt heute Morgen schon jede Menge Futter bekommen und machen jetzt Mittagspause", bemerkte Nikolas.
„Vielleicht sind sie auf unserem Rückweg aktiver", versuchte Simone, die Kinder aufzumuntern.
Im benachbarten Wildschweingehege war einiges los. Viele Tiere rannten gierig am Zaun entlang. „Schaut mal, die kleinen Schweine dort hinten, wie sie sich balgen!", rief Mama und zeigte nach rechts.
„Nikolas, schau mal, da vorne bist du!", rief Lilly lachend und zeigte auf ein Wildschwein, dass sich gerade genüsslich im Schlamm suhlte.
„Haha! Dann bist du das da!", erwiderte ihr Bruder und zeigte auf eine Wildsau, die vor einer Mulde stand und wild mit ihrem Rüssel in der Erde buddelte.

Alle lachten. Die Kinder warfen getrocknete Maiskörner über den Zaun. Nur wenige landeten jedoch bei den Tieren, weil der Abstand zwischen ihnen und den Tieren zu groß war.
„Teilt euch das Futter ein, es kommen noch weitere Tiere“, riet Papa.
Sie folgten dem Waldweg den Hügel hinauf und waren dankbar für die schattenspendenden Bäume. Als sie das große Gehege der Rothirsche erreichten, kamen sofort die ersten beiden Tiere angerannt; eines davon präsentierte ein mächtiges Geweih.
„Cool, das ist ja ein richtig toller Hirsch!“, kommentierte Lina und hielt ihm die Hand mit den getrockneten Maiskörnern hin.
„Oh ja, darf ich auch mal?“, bat Lilly. Ihre Ferienfreundin nickte und machte Platz.
„Hier kann man einmal drum herumgehen.“ Papa zeigte auf einen Parkplan. „Lasst uns das mal machen, dann können wir uns anschauen, was es mit der Hirschbrücke auf sich hat.“
Diese entpuppte sich als eine Art überdachte Aussichtsplattform. Von hier oben konnten sie über die weitläufigen Wiesen und den Wald blicken.
„Schaut mal, da vorne stehen ganz viele Rehe. Nikolas, Lina, kommt! Wir gucken, ob welche zum futtern kommen!“, forderte Lilly die anderen auf. Sie stiegen die Holztreppe hinab und rannten vor.
„Kommt schnell! Nicht, dass sie vorher weglaufen“, trieb Nikolas die Mädchen zur Eile an. Kurz bevor sie in die Nähe der Tiere kamen, wurden sie langsamer.
Und tatsächlich hatten sie Glück. Das Wild blieb nahe am Zaun stehen und blickte die drei neugierig an. Langsam näherte sich ein prächtiger Hirsch, und sie konnten ihn durch den Drahtzaun füttern.

Kurz darauf holten Mama, Papa und Simone die Kinder ein, und alle spazierten zusammen weiter. Auf der anderen Seite der Wiese

angekommen, meinte Mama: „Von hier aus kommt man zu den Luchsen! Ich bin gespannt, ob wir die scheuen Wildkatzen zu Gesicht bekommen."
Auch hier war das Glück auf ihrer Seite. Sie kamen zu dem eingezäunten Gelände, und ein Luchs spazierte direkt an ihnen vorbei.
„Psst. Seid still, vielleicht kommt er zurück", wisperte Lilly. „Seht, wie leise das Tier sich bewegt." Leider bekamen sie keine weitere Wildkatze zu Gesicht, deshalb gingen sie weiter.
Dafür befanden sich die Füchse und Waschbären jeweils direkt am Zaun, und die sechs konnten sie in aller Ruhe beobachten.
„Auf zum Spielplatz!", rief Papa schließlich.
„Was, es gibt hier auch einen Spielplatz?", fragte Lina erfreut.
„Ja, einen supercoolen Waldspielplatz", antwortete Mama.
Als sie ankamen, sahen Lilly, Lina und Nikolas einander mit weit aufgerissenen Augen an. Es gab nicht nur viele unterschiedliche Spielgeräte, die auch für ältere Kinder interessant waren, sondern sogar einen flachen Bach, der perfekt zum Spielen war.
„Die sehen wir so schnell wohl nicht wieder", sagte Mama lächelnd und setzte sich mit Simone auf eine Bank in den Schatten, während Papa ein paar Fotos machte. Sie sollte recht behalten, die drei kletterten über die Steine im Wasser und sammelten fleißig Stöcke, um einen kleinen Damm zu bauen.
Eine Stunde später ließen sich die Kinder schließlich vom Wasser losreißen und verfütterten ihre letzten Maiskörner an die Sikahirsche, die nun glücklicherweise am Zaun standen. „Fühlt mal! Ich hätte nicht gedacht, dass das Geweih so weich und warm ist." Lilly streichelte den zahmen Sikahirsch am Kopf. Lina und Nikolas probierten es ebenfalls und stimmten erstaunt zu.

Wenige Minuten später waren sie zurück am Auto. Mama packte ein paar Snacks aus, und alle sechs stärkten sich.
„Darf ich mit Lina und ihrer Mama zurückfahren?“, fragte Lilly.
„Von mir aus, wenn Simone nichts dagegen hat“, antwortete Mama.
Diese nickte. „Klar, warum nicht?!“
Anschließend machten sie sich auf den Rückweg zum Sonnenhof. Dort angekommen, erkundigten sich die Kinder im Stall nach den Ponys. Nach wie vor gab es keine Neuigkeiten. Auch auf die Suchplakate hatte sich bisher niemand gemeldet. So waren die drei schnell zurück bei den Eltern.
„Das hat wirklich Spaß gemacht! Cool, dass ihr dabei wart!“, sagte Nikolas in die Runde.
„Stimmt, das war eine richtig gute Idee!“, bestätigte Lilly.
„Auf jeden Fall. Das war toll!“, stimmte auch Lina zu. Die Eltern nickten.
„So, dann lasst uns mal reingehen. Gehen wir zum gemütlichen Teil des Tages über“, schlug Papa vor.
Nach diesem aufregenden Tag ließen die Familien ihren Abend ruhig ausklingen. Familie Sonnenschein aß leckere Nudeln mit Käsesoße und spielte anschließend ein paar Runden Rommé.
„Wollen wir morgen noch mal an einen See fahren?“, fragte Papa in die Runde, als das letzte Spiel beendet war.
„Oh ja, bitte schwimmen!“, jubelte Lilly. Auch Nikolas war erfreut.
„Was haltet ihr denn davon, wenn wir zum Hennesee fahren? Vielleicht gibt es dort eine Möglichkeit, wo wir frühstücken können“, schlug Mama vor.
„Das ist eine tolle Idee!“, stimmte Papa begeistert zu. „Aber erst einmal wird ausgeschlafen“, schob er hinterher und grinste.

17

Frühstück und Baden am Hennesee

Lilly wurde durch ein Geräusch geweckt. Wieder ertönte ein „Klack“.
„Nikolas, bist du wach? Hast du das gehört?“, fragte sie ins Halbdunkel.
„Hmm? Was?“, murmelte ihr Bruder verschlafen und begann, sich zu rekeln.
„Da war es wieder! Was ist denn das für ein Klacken?“, flüsterte Lilly und stand neugierig auf.
„Hörst du schon Gespenster, oder was?“, witzelte Nikolas, der inzwischen aufrecht in seinem Bett saß.
„Du bist doof! Hör doch mal!“, forderte sie ihn auf.
„Hmm ... Du hast recht. Kommt das nicht von draußen?“, mutmaßte Nikolas.
Lilly ging barfuß in Richtung Fenster. Sie öffnete die Rollos und blinzelte in die Morgensonne. Als sich ihre Augen an die Helligkeit gewöhnt hatten, erkannte sie Lina, die auf und ab sprang, und Steinchen an das Glas warf. Lilly öffnete erstaunt das Fenster. „Was machst du denn da?“, fragte sie ihre Ferienfreundin.
„Aus den Federn, ihr Schlafmützen!“, rief Lina und ergänzte etwas leiser: „Mal im Ernst, zieht euch schnell an und kommt runter. Ich habe was gefunden!“
Lina gab ein Handzeichen, dass sie schnell kommen sollten. Die Geschwister zogen sich rasch an und schlichen auf Zehenspitzen zur Wohnungstür. „Jetzt bin ich aber mal gespannt!“, meinte Nikolas, als sie sich die Schuhe anzogen.

Lina erwartete die beiden bereits. Vor Aufregung hatte sie ganz rote Wangen. „Kommt mit in den Garten, dann zeige ich's euch!“, trieb sie die beiden zur Eile an.
„Lina, mach es nicht so spannend, ich platze gleich!“, antwortete Lilly nervös.
Als sie das Trampolin hinter dem Haus erreichten, zog Lina einen kleinen, weißen Zettel aus ihrer Hosentasche hervor.
„Was ist das denn?“, fragte Nikolas neugierig und nahm das kleine, zusammengefaltete Zettelchen an sich.
„Den habe ich eben vor der Stalltür gefunden!“, erklärte Lina. „Er lag einfach auf dem Boden.“
„Und, was steht drauf?“, wollte nun auch Lilly wissen.
„18 Uhr Lauschgeist“, las ihr Bruder vor.
„Hmm ... kein Datum und nichts!“, kommentierte er enttäuscht.
„Aber *Lauschgeist* ist doch die Statue am Waldrand“, überlegte Lina laut und fragte: „Wart ihr mal dort?“
„Harry hat uns davon erzählt, aber wir haben es irgendwie noch nicht geschafft“, erwiderte Lilly.
„Wer weiß, vielleicht ist ja heute gemeint. Da gehen wir gucken, oder?“, schlug er den beiden Mädchen vor.
Lilly und Lina nickten, auch wenn ihnen etwas mulmig zumute war, zumal Lilly wieder das Gefühl hatte, dass sie beobachtet wurden.
„Okay, wir fahren jetzt erstmal zum See frühstücken. Aber wir werden auf jeden Fall zusehen, dass wir pünktlich wieder zurück sind“, versprach Nikolas.
„Das müsste klappen. Unsere Eltern wollen doch heute zusammen wandern gehen“, meinte Lina.

„Stimmt, das habe ich gestern auch mitbekommen“, bestätigte Lilly. „Na gut, dann treffen wir uns später wieder hier!“, sagte sie.
Zurück in der Ferienwohnung, waren Mama und Papa bereits aufgestanden und machten sich fertig.
„Wollen wir dann gleich los? Ich habe einen Bärenhunger!“, drängte Nikolas die anderen.
„Packt eure Badesachen ein. Bei dem Wetter ist es sicher warm genug, um später im See zu schwimmen!“, schlug Mama den Kindern vor.
Wenige Minuten später saßen die vier im Auto und machten sich auf den Weg nach Meschede zum Hennesee.
„Das ist übrigens der kleinste der Sauerland-Seen“, berichtete Papa während der Fahrt.
„Oh, wie klein ist der See denn?“, fragte Lilly.
„Der ist schon relativ groß, aber eben nicht im Vergleich zu den anderen Seen, die wir in den letzten Tagen besucht haben“, erklärte Mama. „Erinnert ihr euch an den Weg gestern? Da sind wir bereits am Hennesee entlanggefahren.“

Die Kinder nickten. Am Café angekommen, fanden sie einen schönen Platz auf der großen Terrasse und frühstückten mit tollem Blick auf den See. Sogar den Hennedamm konnte man von hier aus sehen. „Schaut mal, ein Schiff!“, rief Nikolas und zeigte auf die herannahende *MS Hennesee*.

Nach dem Frühstück fuhren sie auf Empfehlung der Kellnerin auf einen Parkplatz in der Nähe der Schiffsanlegestelle. Von hier aus war der Damm nicht weit entfernt. „Sollen wir die Schwimmsachen gleich mitnehmen?“, wollte Nikolas wissen. Er konnte es kaum erwarten, ins Wasser zu kommen.

„Ja, so viele Sachen haben wir ja nicht“, stimmte Papa zu.

Sie spazierten zur Promenade, als Lilly aufgeregt rief: „Schaut mal, was sind das denn für Glocken?“

„Gute Frage. Lasst uns mal schauen!“, antwortete Nikolas, und trat näher an die überdachten Glocken.

„Wow, wisst ihr, was das ist? Die heißen *Friedensglocken* und wurden aus echten Fliegerbomben gebaut“, las Papa vor.

Lilly nahm den hängenden Klöppel und schlug damit gegen die vier Metallkörper. Verschiedene Töne hallten laut über den See. „Wie cool das klingt!“, freute sie sich.

„Ich möchte auch mal!“, meldete sich Nikolas und übernahm den Schläger. Papa schoss ein paar Fotos, dann spazierten sie weiter über den Damm.

Während Mama und Papa die tolle Aussicht auf Meschede genossen, liefen die Geschwister die *Himmelstreppe* einmal auf und ab.

„Wieso heißt die eigentlich *Himmelstreppe*?“, fragte Nikolas, als sie wieder oben ankamen.

„Ich habe in einer Broschüre gesehen, dass diese Treppe abends schön beleuchtet ist, das sieht aus, als würde man in den Himmel steigen", klärte Mama ihn auf.
„Schaut, hier gibt es einen *Sinnepfad*. Habt ihr da noch Lust darauf, oder wollt ihr lieber mit dem Schiff fahren oder baden gehen?", stellte Papa zur Auswahl.
„Baden!", erklang es einstimmig von Lilly und Nikolas.
So spazierten sie zurück und suchten sich ein schattiges Plätzchen auf einer Wiese. Von hier aus konnten sie direkt ins Wasser flitzen.
Nach zwei Stunden hatte die ganze Familie genug von Wasser und Sonne. Sie packten zusammen und gingen zurück zum Auto. Die Kinder liefen ein paar Meter vor.
„Ich bin ja sooo gespannt auf später. Ich kann es gar nicht erwarten, bis es 18 Uhr ist!", sagte Lilly aufgeregt.
„Und ich erst!", gab Nikolas zurück.
„Sollten wir nicht doch Mama und Papa einweihen?", schlug sie vor.
„Nee, lass uns erst mal gucken. Es kann ja sein, dass da gar nichts ist, oder der Tag nicht stimmt. Dann haben wir alle umsonst verrückt gemacht", antwortete ihr Bruder.
„Wollt ihr nicht doch mit eine Runde spazieren gehen?", fragte Mama auf der Rückfahrt. „Gerti hat uns ja diesen schönen Wanderweg empfohlen, der direkt auch hier durch den Ort geht. Simone kommt mit, und vielleicht hat Lina ja auch Lust."
Die Geschwister schauten einander verschwörerisch an und witterten ihre Chance, weitere Nachforschungen anzustellen. „Och nööö!", sagte Lilly. Die Eltern nickten. Sie hatten schon vermutet, dass die Kinder lieber auf dem Hof bleiben wollten.

18

Wiedersehen macht Freude

Auf den Hof zurückgekehrt, fanden sie die anderen im Garten. Lina übte Saltos auf dem Trampolin, und Simone saß mit einem Buch auf der Bank.
„Ach, schön, ihr seid zurück!“, rief ihre Freundin begeistert und winkte.
„Wir essen und trinken schnell eine Kleinigkeit, dann kommen wir!“, sagte Nikolas, und die vier verschwanden in der Wohnung.
Als sie zurückkamen, war Lina ebenfalls umgezogen, und die Erwachsenen brachen zur Wanderung entlang der „Golddorfroute“ auf. Nikolas warf einen Blick auf seine Uhr. „Es sind noch mehr als zwei Stunden Zeit, vielleicht können wir so lange auf dem Hof helfen“, schlug er vor.
„Gute Idee!“, stimmte Lina zu, und Lilly nickte.
Im Stall trafen sie auf Gerti, die gerade ein paar Pferde hereingeholt hatte. „Können wir dir zur Hand gehen?“, bat Lina.
„Das ist aber lieb von euch. Wer hat denn schon mal Hufe ausgekratzt?“, fragte Gerti in die Runde. Lilly und Nikolas hoben die Hand.
„Okay, dann kümmert ihr euch um die Hufe, und Lina, du kannst gerne die Moni striegeln“, schlug Gerti vor und zeigte auf das fuchsfarbene Pony.
So waren die Kinder erst einmal beschäftigt, und sie bekamen eine gute Gelegenheit, ihre Gastgeberin über den Nachbarn auszufragen.
„Harry hat uns erzählt, dass der Hühnerbauer schon eine ganze Weile hier wohnt“, warf Nikolas in den Raum.
„Ja, das stimmt. Sicher schon über zwölf Jahre“, bestätigte Gerti.

„Hat er denn noch andere Tiere als die Hühner?“, fragte Lina nach.
„Nee. Für mehr hätte der Hansi wahrscheinlich auch gar keine Zeit. Er ist mit seinen Hühnern und Eiern ganz gut beschäftigt und vermietet ebenfalls ein paar Ferienwohnungen“, erzählte Gerti.
„Was, echt?“, fragte Nikolas erstaunt. „Wer will denn dort Urlaub machen?“
Gerti zuckte mit den Schultern und lächelte nur.
„Also, wir fanden es da auf dem Hof irgendwie unheimlich!“, gab Lilly zu.
Ehe sie sich weiter unterhalten konnten, fuhr ein Paketbote auf den Hof, und die Hofbesitzerin eilte hinaus. Nachdem sie die Pferde versorgt hatten, vertrieben sich die Kinder die restliche Zeit im Garten, bis Lina zum Aufbruch mahnte.
„Lasst uns aber zur Sicherheit im Haus Bescheid geben!“, meinte Lilly.
Die anderen beiden stimmten zu. Sie rannte zur Küchentür, fanden Gerti beim kochen und riefen ihr zu: „Wir gehen eine Runde spazieren. Lina zeigt uns den *Lauschgeist.*“
„Was für eine schöne Idee. Macht das! Viel Spaß!“, antwortete Gerti und winkte den Kindern hinterher.
„Und was machen wir, wenn es dort doch gefährlich wird?“, fragte Lina ängstlich.
„Ach, mach dich nicht verrückt. Das wird schon nicht passieren!“, beruhigte Lilly ihre Freundin. Allerdings musste sie zugeben, dass sie ebenfalls etwas nervös war.
„Uaaaahhh!“, ertönte es plötzlich hinter den Mädchen. Die beiden sprangen erschrocken zur Seite, und Lina stieß einen spitzen Schrei aus.
„Mensch, Nikolas, du Blödmann, was soll denn das?“, schimpfte Lilly mit ihrem Bruder.

Dieser lachte und sagte: „Jetzt kriegt euch mal wieder ein. Es passiert schon nichts! Wahrscheinlich war das bloß eine falsche Fährte!"
Als sie den Anfang der steilen Wiese erreichten, kamen die Bäume bereits in Sicht. „Seht ihr, dort am Waldrand steht der *Lauschgeist*", sagte Lina und zeigte auf die etwa drei Meter hohe Skulptur in der Form eines Kopfes.
„Der sieht ja abgefahren aus!", meinte Lilly und lachte.
„Lasst uns mal sehen, ob da irgendwas ist!", sagte Nikolas und ging mutig voran.
Die Kinder inspizierten gerade die einzigartige Figur, als Lina plötzlich überrascht rief: „Ich glaub, mich tritt ein Pferd!"
Da fiel es den anderen beiden ebenfalls auf: Ein Stückchen entfernt grasten friedlich zwei Ponys auf der Wiese. Allen dreien war sofort klar, dass es sich dabei um Lisa und Moritz handelte. Der weiße Kopf der schwarz-weiß gescheckten Stute war ein besonderes Erkennungsmerkmal. „Das gibt's jawohl nicht!" Nikolas staunte nicht schlecht.
Vorsichtig näherten sie sich den beiden Ponys, um sie nicht zu erschrecken. Die Tiere schauten neugierig auf, als die Kinder näherkamen, ließen sich aber ganz zahm am Halfter fassen.
„Und guck mal einer an, ein rotes und ein grünes Halfter!", kommentierte Lilly. Die drei Hobbydetektive waren völlig aus dem Häuschen.
Langsam und mit voller Aufmerksamkeit führten die beiden Mädchen die Ponys zurück Richtung Sonnenhof, Nikolas ging nebenher. „Was ist das denn? Schaut mal her!", sagte Nikolas auf dem Rückweg und zupfte an Lisas Mähne. Einzelne Sägespäne hatten sich in den Haaren verheddert. Beim genaueren Hinsehen fanden sie auch im Schweif von Moritz vereinzelte Späne.

„Gerti und Harry haben in ihren Boxen Stroh. Aber erinnert ihr euch an den Pferdegeruch beim Hühnerbauern? Und in der Ecke stand doch ein Sack Sägespäne!“, erinnerte Lina.

„Daran habe ich auch gerade gedacht“, antwortete Nikolas und fragte: „Aber wieso sollte der die Ponys klauen?“

Ratlos sahen die drei einander an und gingen mit den Tieren zurück zum Hof. Gerti hatte die fünf bereits aus dem Fenster gesehen und kam ihnen überrascht entgegengelaufen. „Das ist ja ein Ding! Wo kommt ihr denn her? Wo habt ihr sie gefunden? Geht es ihnen gut?“ Tausende Fragen sprudelten aus ihr heraus.

„Lasst uns erst die Tiere in den Stall bringen, dann erklären wir alles“, schlug Nikolas vor.

„Du hast recht. Meine Güte, ich bin so aufgeregt“, antwortete Gerti.

Sie untersuchte die Pferde äußerlich und brachte die beiden in ihre Boxen. Als sie Lisa und Moritz gerade mit Futter versorgt hatte, kam auch Harry in den Stall. Er schaute äußerst erstaunt, als er die beiden Ponys sah. „Ich glaub, mein Schwein pfeift!“

„Nee, ich glaub, mein Pony trappelt“, kicherte Lilly.

Alle lachten. Gemeinsam setzten sie sich hinter das Haus in den Garten. Lilly setzte gerade zum Erzählen an, als ihre Eltern und Simone von der Wanderung zurückkehrten.

„Was ist denn hier los? Haltet ihr eine Versammlung ab, oder habt ihr was angestellt?“, fragte Papa neugierig.

„Papa! Stell dir vor, wir haben die Ponys gefunden!“, rief Lilly aufgeregt.

Gerti und Harry nickten.

„Was, echt? Sind sie gesund? Wo habt ihr sie gefunden?“, fragte Simone überrascht.

„Moment, Moment, alles der Reihe nach! Setzt euch erst mal!“, beruhigte Harry die Neuankömmlinge.
„Na, da sind wir aber mal gespannt!“, sagte Mama und zog sich einen Stuhl heran. Simone und Papa taten es ihr nach. So saßen alle neugierig in der Runde, als die Kinder anfingen zu erzählen.
Lilly berichtete von dem gefundenen Schlüsselanhänger und den Nachforschungen bei der Feuerwehr. Nikolas erzählte von den gefundenen Hinweisen und ihren Vermutungen in Bezug auf den Nachbarn. Lina ergänzte den Schatten am Abend vom Lagerfeuer, den Notizzettel mit der Info und wie sie die Pferde schließlich auf der Wiese am *Lauschgeist* gefunden hatten.
„Und dann sind uns noch die Sägespäne in Mähne und Schweif aufgefallen“, warf Lilly ein. „Solche Späne haben wir bei Herrn Kruse im Stall gesehen.“
Die Erwachsenen brauchten eine Weile, bis sie die Geschichte verdaut hatten. Besonders Gerti und Harry waren sehr überrascht. „Das ist unglaublich! Ich kann nicht glauben, dass der Hansi etwas damit zu tun hat“, sagte Gerti.
Ein Grund für den Diebstahl fiel den beiden auch nicht ein. „Ich werde gleich zu ihm fahren und der Sache auf den Grund gehen“, meinte Gerti aufgebracht.
„Willst du das nicht lieber die Polizei machen lassen?“, fragte Harry besorgt. „Da müssen wir sowieso noch Bescheid geben, dass die Pferde wieder da sind.“
„Ich möchte erst mal selbst mit ihm sprechen. Hauptsache, die Ponys sind unversehrt wieder da. Die Polizei rufe ich an, wenn ich zurück bin“, entgegnete sie.

„Okay, allerdings gehst du auf keinen Fall allein. Ich komme mit!“, erwiderte ihr Mann.
„Dann am besten sofort. Das lässt mir sonst keine Ruhe!“, forderte sie Harry auf. So machten sich die beiden Hofbesitzer auf den Weg zu dem verdächtigten Nachbarn und ließen die Feriengäste im Garten zurück.
„Ihr Hobbydetektive könnt es auch wirklich nicht lassen, was?“, zog Papa Lilly und Nikolas scherzhaft, aber stolz auf. Simone war hingegen noch etwas sprachlos, sie war solche Alleingänge von ihrer Tochter nicht gewöhnt.
Während alle gespannt darauf warteten, was die Hofbesitzer herausfinden würden, aßen sie gemeinsam zu Abend. Es dauerte über eine Stunde, bis Gerti und Harry wieder zurückkehrten. Als die Hofbesitzer in die Einfahrt einbogen, gab es für die Kinder kein Halten mehr.
„Und?“, riefen sie aufgeregt, als sie auf die beiden zustürmten.
„Ihr hattet tatsächlich recht!“, bestätigte Gerti. Sie sah sichtlich mitgenommen aus. „Seid nicht böse. Wir erzählen euch die Einzelheiten morgen in aller Ruhe, woll?! Wir müssen das Ganze erst mal sacken lassen.“
Mit hängenden Schultern kehrten Lina, Lilly und Nikolas zurück zu ihren Eltern. „Wir hatten recht, aber sie erzählen uns erst morgen genauer, was beim Nachbarn passiert ist“, sagte Nikolas niedergeschlagen.
„Na, überlegt mal, wie verwirrend das für Gerti und Harry sein muss“, erklärte Papa.
„Stimmt!“, gab Lilly zu, und auch Lina und Nikolas nickten.
„Dann lasst uns mal reingehen, und morgen wissen wir mehr“, schlug Mama vor.

19

Des Rätsels Lösung

Für Lilly und Nikolas war die Nacht früh zu Ende. Zu groß war die Neugierde, was ihre Gastgeber am Tag zuvor beim Nachbarn herausgefunden hatten. Lina schien es ähnlich ergangen zu sein, denn sie war bereits bei den Hühnern, als die Geschwister den Stall betraten.

„Bist du auch so neugierig?“, fragte Lilly ihre Ferienfreundin aufgeregt.

„Und wie!“, bestätigte diese.

„Dann lasst uns die Eier reinbringen, vielleicht erzählt uns Gerti dann endlich die Geschichte!“, forderte Nikolas die Mädchen auf.

Die Küchentür stand auf, und so stellten sie die gesammelten Eier auf den Küchentisch. Zum Glück betrat Gerti in diesem Moment das Zimmer.

„Ach, guten Morgen. Ihr seid aber früh munter!“

„Wir platzen vor Neugierde und konnten alle nicht mehr schlafen“, gab Lina zu.

Die Hofbesitzerin lachte und sagte: „Das glaube ich euch. Na, dann will ich euch mal nicht länger auf die Folter spannen. Zunächst hat Hansi die Anschuldigungen von sich gewiesen, doch als wir mit einer Anzeige bei der Polizei gedroht haben, hat sein Sohn Fritz plötzlich zugegeben, dass er sich die Ponys ausgeliehen hat.“

Die Kinder schauten einander an. Sie hatten sich ja gedacht, dass auf dem Hühnerhof was nicht stimmte.

„Hat er denn gesagt, warum er die Ponys gestohlen hat?“, wollte Lilly wissen.

„Offenbar hat Hansi finanzielle Sorgen. Er zieht Fritz allein groß, und nur von einem kleinen Hof allein kann man heute nicht mehr leben. Er vermietet deshalb auch zwei Ferienwohnungen, aber es kommen nur selten Gäste. Jetzt waren endlich mal welche da, eine Familie, aber die hatten sich den Urlaub auf dem Bauernhof offenbar anders vorgestellt und sich beschwert. Da hat Fritz befürchtet, dass sie eine schlechte Bewertung im Internet schreiben und dann gar keiner mehr kommt", erzählte Gerti.
„Na ja, aber deshalb gleich Pferde stehlen?!", sagte Nikolas und schüttelte den Kopf.
„Fritz wollte den Gästen etwas bieten und so tun, als hätten sie jetzt auch Ponys. Die Kinder waren auch ganz begeistert. Aber als sie reiten wollten, stellte Fritz fest, dass er nicht nur keine Sättel hatte, sondern auch überhaupt keine Ahnung. Darum hat er behauptet, dass die Ponys noch nicht zum Reiten ausgebildet wären und er sie deshalb leider für ein paar Tage wegbringen müsse. Hansi hat davon nichts mitbekommen, er hat ziemlich viel zu tun und ist oft mit dem Eierwagen unterwegs. Und Fritz hatte die Pferde ein einem abgelegenen Teil des Stalls untergestellt, der nicht genutzt wird", berichtete Gerti. „Als wir alle am Lagerfeuer saßen, hat sich Fritz die beiden Halfter geholt, damit er die Tiere führen kann. Dann hat er sie auf die Wiese gestellt, wo ihr sie gefunden habt. Allerdings hatte er die Hoffnung, dass sie von dort aus allein zurück zu unserem Hof laufen. Als das nicht klappte, hat er absichtlich die Notiz mit dem *Lauschgeist* vor den Stall gelegt, damit die Ponys nicht zu lange herumstreunen."
„Hmm ... Okay, dann wollte er den Tieren grundsätzlich schon mal nicht schaden. Wobei, das hätte schon gefährlich werden können, wenn sie bis zur Hauptstraße gelaufen wären", meinte Lina.

„Das habe ich auch gesagt!", bestätigte Harry, der gerade durch die Küchentür trat und seiner Frau beruhigend über die Schulter streichelte.
„Und was hat das Ganze mit der Feuerwehr auf sich?", hakte Lina nach.
Die ältere Frau lachte und sagte: „Der Hansi wäre gerne bei der Feuerwehr, hat aber keine Zeit dafür. Und so ganz traut er sich wohl auch nicht, in seinem Alter noch damit zu starten. Um ihn aufzuheitern, hat Fritz für Hansi den Anhänger geklaut. Es sollte ein Geschenk sein, aber dann hat er ihn am Tor zur Weide verloren. Ich habe ihm gesagt, dass der Anhänger wieder zurück bei seinem Besitzer ist."
„Das ist ja echt ein Ding!", bemerkte Lina.
„Er hatte wohl gesehen, dass an einem Tag besonders viel bei der Feuerwehr los war. Da hat er die Gunst der Stunde genutzt und in dem Trubel den Schlüsselanhänger entfernt", erzählte der Hofbesitzer.
„Dann muss sein Vater ja echt ein Feuerwehrfreak sein, wenn Fritz extra einen Schlüsselanhänger für ihn klaut!", überlegte Lilly laut. „Und wie geht es jetzt weiter? Ruft ihr jetzt noch die Polizei?"
„Nein, dort habe ich schon Bescheid gegeben, dass die Ponys wieder da sind. Morgen kommen sie noch mal vorbei. Aber wir haben uns mit Hansi und Fritz nachbarschaftlich geeinigt. Wir werden wohl ordentlich was gut bei Hansi haben. Fritz wird hier in Zukunft nach der Schule häufiger mal mit anpacken und etwas über Pferdehaltung lernen. Und er denkt darüber nach, zur Jugendfeuerwehr zu gehen, schließlich hat er bei der Feuerwehr auch etwas gutzumachen", sagte Gerti zwinkernd. „Und ich habe Hansi versprochen, ihm ein paar Tipps zu geben, damit sein Hof gemütlicher wirkt, und mit ihm gemeinsam an seiner Website zu arbeiten, damit in Zukunft auch die eine oder andere Buchung für ihn kommt."

„Was? Nach der Aktion hilfst du denen auch noch?", rief Nikolas aufgebracht.
„Ach, weißt du, Nikolas, ich war nie nachtragend. Den Tieren geht es gut, und wir sind hier in dem kleinen Dorf auf Nachbarschaftshilfe angewiesen. Da ist es besser, wenn man sich gut versteht. Und Hansi und Fritz haben es wirklich nicht leicht", erklärte Gerti den Kindern.
Simone steckte den Kopf durch die Küchentür und sagte: „Habe ich mir doch gedacht, dass ich euch hier finde!"
„Guten Morgen, Simone. Ja, wir haben die drei Detektive hier erst mal aufgeklärt", erzählte Gerti.
„Jetzt müssen wir aber wieder an die Arbeit. Die Kinder berichten euch sicher, was auf dem Nachbarhof gestern noch passiert ist", sagte Harry und wandte sich zum Gehen.
Nach den aufregenden Erlebnissen fuhr Lina mit ihrer Mama schwimmen, und Familie Sonnenschein ging den Tag ruhig an. Bei einem ausgiebigen Frühstück erzählten Lilly und Nikolas ihren Eltern die

Geschichte von Gerti. Anschließend liefen die beiden kurz in den Stall, um zu sehen, wie es Lisa und Moritz an diesem Vormittag ging. Beide Ponys waren wohlauf. „Wie wäre es mit einem kleinen Spaziergang? Ihr könnt uns ja mal den Lauschgeist zeigen", schlug Mama vor.
Die Kinder stimmten begeistert zu. Am Tag zuvor hatten sie die Skulptur ja nur ganz kurz zu Gesicht bekommen. Und so spazierten die vier munter plaudernd los. An der Wiese angekommen, berichteten die Geschwister noch einmal genau, wie alles abgelaufen war. „Und dann haben wir die Ponys zurück zum Stall geführt", schloss Lilly die Erzählung.
„Ihr stoßt auch immer wieder auf neue Sachen!", antwortete Papa lachend.
„Wer als Erster am Lauschgeist ist!", rief Nikolas, und alle rannten los.
Mama und Lilly hatten etwas Vorsprung und gewannen das Rennen. „Nikolas, geh du mal in den Kopf rein, und ich spreche hier was ins Ohr!", forderte Lilly ihren Bruder auf.
Die Kinder kicherten, während sie den riesigen Ohren Witze erzählten.
„Wow, das hört man ja wirklich richtig gut!", rief Nikolas begeistert.
„Lass mich auch mal lauschen!", bat Lilly und wechselte mit ihrem Bruder den Platz.
Nach einer kleinen Pause spazierten die vier zurück zum Hof. Später holten die Kinder ihren lang ersehnten Ausritt auf Lisa und Moritz nach, während Mama und Papa die Koffer packten.
Den Abend ließen sie gemeinsam mit den Hofbesitzern, Lina und ihrer Mama bei einem erneuten Lagerfeuer ausklingen.
Als sie später zurück zu den Ferienwohnungen gingen, fanden sie einen weiteren Zettel. Darauf stand nur ein einziges Wort: „Danke".

20

Abschiedsfrühstück in Arnsberg

Nach dem gemeinsamen Eiersammeln machten die drei Freunde Lilly, Nikolas und Lina einen letzten morgendlichen Rundgang über den Sonnenhof. Sie streichelten noch ein letztes Mal die Kaninchen, verabschiedeten sich von den Ponys und besuchten Harry im Stall. Dann nahte bereits die Abreise. „Hast du es gut, ihr bleibt noch ein paar Tage!“, sagte Lilly, als sie Lina zum Abschied umarmte.

„Ich werde euch vermissen! Ohne euch wird es hier sicher total langweilig!“, antwortete Lina niedergeschlagen.

„Ach, wer weiß, vielleicht kommen ja coole neue Feriengäste. Außerdem hast du es voll gut, weil du dann direkt noch mal in den Urlaub fährst“, entgegnete Nikolas aufmunternd.

„Stimmt, du fährst ja mit deinem Papa in die Berge!“, erinnerte sich Lilly. „Schreibst du uns eine Karte?“

„Klar! Die bekommt ihr auf jeden Fall“, versprach Lina. „Schreibt mir doch eben eure Adresse und Telefonnummer auf“, sagte sie und verschwand im Haus, um etwas zum Schreiben zu holen.

Während Papa das Gepäck ins Auto lud, suchte Mama Gerti, um sich zu verabschieden. Diese kam natürlich auf den Hof, um „Tschüss“ zu sagen. „Schön, dass ihr da wart! Und vor allem danke für eure tatkräftige Unterstützung. Wer weiß, ob wir Lisa und Moritz ohne euch wiedergefunden hätten“, bedankte sich Gerti bei den Kindern.

„Ehrensache!“, gab Nikolas zurück und grinste dabei Lilly an. Lina kehrte zurück, Lilly notierte ihre Daten und umarmte sie zum Abschied.

Nikolas tippte Linas Nummer in sein Handy, verabschiedete sich und setzte sich auf die Rückbank zu seiner Schwester. Gerti gab Mama noch ein paar Eier und selbstgemachte Marmelade mit. Als alle angeschnallt waren, verließ Familie Sonnenschein winkend den Hof.

„So, zum Urlaubsabschluss haben wir uns jetzt alle erst mal ein leckeres Frühstück verdient!“, schlug Mama vor. „Dafür fahren wir nach Arnsberg. Dort können wir nachher noch durch die Altstadt bummeln. Die soll sehr schön sein, habe ich gelesen.“

„Ach, ist das nicht dort, wo Lina und ihre Mama im Wildwald waren?“, wollte Lilly wissen.

„Gut aufgepasst!“, lobte Papa. „Das stimmt, der *Wildwald Voßwinkel* gehört zu Arnsberg, liegt allerdings etwas außerhalb der Stadt. Der soll auch toll sein, aber wir waren ja gerade erst im Wildpark. Deshalb haben wir uns für heute etwas anderes rausgesucht.“

„Was machen wir denn?“, fragte Nikolas neugierig.

„Lass dich überraschen! Ich verrate nur vorab, dass wir das *Flüsterhäuschen* besuchen“, antwortete Mama.

„Wie cool! Das klingt nach Hänsel und Gretel“, rief Lilly.

In Arnsberg angekommen, parkte Mama in der Tiefgarage am Neumarkt. „Von hier aus können wir alles direkt zu Fuß erreichen“, freute sie sich. Ein nettes Café war schnell gefunden, und die Familie schlemmte sich durch das leckere Frühstücksbuffet.

21

Denkmal und Ruine mit Aussicht

Vom Neumarkt aus spazierte Familie Sonnenschein über die Klosterstraße Richtung *Flüsterhäuschen*. Auf dem Weg rief Lilly plötzlich: „Schaut mal, die lustigen Giraffen hinter der Hecke!"

„Haha, die sehen wirklich toll aus. Das ist aber ein schöner Spielplatz!", antwortete Nikolas.

„Stimmt! Der gehört zu einer Grundschule", erklärte Mama.

Wenige Meter weiter kamen sie am *Kloster Wedinghausen* vorbei. „Werft mal einen Blick in den Innenhof. Ich habe gehört, da soll ein gläsernes Haus stehen", forderte Papa die beiden Kinder auf.

„Papa hat recht!", sagte Nikolas, als er den Innenhof erreichte.

„Erinnert ihr euch an den Domschatz und die Gebeine der Heiligen Drei Könige, die im *Kölner Dom* liegen?", fragte Mama. „Das Kloster hier hat dabei eine wichtige Rolle gespielt. Die Reliquien und unter anderem auch der Domschatz fanden um 1800 im *Kloster Wedinghausen* Unterschlupf, während der Eroberungszüge von Napoleon."

„Wer weiß, wo er sonst gelandet wäre. Dann wäre der *Kölner Dom* vielleicht gar nicht so berühmt geworden", überlegte Papa laut.

Die Familie folgte dem Weg den Hügel hinauf und erreichte kurz darauf den Waldrand. Von hier aus war das Denkmal bereits zu sehen. „Nikolas, da vorn! Das sieht aus wie ein weißer Pavillon mit einer Kuppel. Wer zuerst da ist!", rief Lilly, und die Geschwister rannten los.

„Erster!", rief Nikolas und schlug an der Mauer an. Während sie auf Mama und Papa warteten, schauten sie sich das Ehrenmal näher an.

„Wieso heißt das denn *Flüsterhäuschen*? Hier auf der Tafel steht doch *Ehmsendenkmal*", fragte Nikolas.
„Stellt euch beide mal in unterschiedliche Ecken und dreht euch zur Wand", schlug Mama vor. „Jetzt flüstert einer etwas an die Wand. Aber leise!"
„Ach, abgefahren!", sagte Lilly lachend, als sie Nikolas deutlich „Wir sind im Sauerland" flüstern hörte.
„Die Architektur sorgt dafür, dass der Ton so gut weitergetragen wird", erklärte Mama.
„Leute, schaut euch diese fantastische Aussicht an!", bemerkte Papa, der bereits auf die andere Seite des Denkmals getreten war.
„Wow!", staunte auch Lilly.
Mama berichtete: „Das Denkmal wurde Ernst Ehmsen, dem Gründer des Sauerländer Gebirgsvereins gewidmet. Der Verein ist unter anderem für Wanderwege in der Region zuständig."
Nikolas schaute sich um und sagte: „Der Wald hier ist wirklich schön! Können wir hier noch ein bisschen spielen?"
„Wir wollen noch zur Burgruine, darum sollten wir jetzt lieber zurückgehen. Wir müssen ja anschließend auch noch nach Hause fahren", antwortete Papa und ergänzte: „Lasst uns da vorn entlanglaufen."
Auf dem Weg zur Straße blieben die Geschwister vor einem alten Baum stehen. „Schaut wie riesig dieser Baum ist!", rief Lilly begeistert und las das Schild, um den anderen mehr von der 500-jährigen Eiche zu berichten.
„Kommt, wir setzen uns mal alle zusammen auf die Bank, dann machen wir ein Selfie", schlug Nikolas vor, zückte sein Handy und reichte es Papa. „Du hast längere Arme", meinte er.

Anschließend gingen sie zurück Richtung Neumarkt und schlenderten von dort aus durch die hübsche Altstadt mit ihren Kopfsteinpflastergassen, schönen Fachwerkhäusern und Brunnen. Ganz automatisch gelangten sie bis hinauf zur Burgruine. Auf einer Bank legten sie eine Verschnaufpause ein.

„Das ist aber eine tolle Aussicht!", schwärmte Lilly. Sie ließ ihren Blick über die an den Berg gebaute Stadt und das gesamte Tal schweifen.

„Schaut mal, da waren wir gerade“, sagte Papa und wies auf den gegenüberliegenden Hügel mit dem weiß schimmernden *Flüsterhäuschen*.

Sie genossen eine Weile das Panorama und stiegen dann die letzten Meter zur Burg hinauf. „Da vorn ist der ‚Knappensaal‘!“, erklärte Nikolas, der den Wegweiser als Erster erreichte.

Oben erwarteten sie viele Mauern und Steine. Über einen schmalen Zugang kamen sie zum hinteren Teil der Burganlage. Eine große Wiese lag vor ihnen, und in der Mitte thronte eine Frauenstatue aus Stein. Lilly und Nikolas rannten zur äußeren Mauer und konnten gerade eben darüberschauen.

„Papa, guck! Da unten ist ein Weinberg“, rief Nikolas erstaunt.

„Ich wusste gar nicht, dass hier im Sauerland Wein angebaut wird“, antwortete Papa verblüfft.

Die Kinder tobten noch eine Weile über die Wiese, ehe es Zeit für den Rückweg war. Sie wählten den hinteren Abstieg und kamen auf diesem Weg am Weinberg vorbei.

„Ach, schaut mal, der wird von Schülern bewirtschaftet. Das ist ja interessant“, sagte Mama und wies auf eine Tafel.

Auf dem Weg durch die Altstadt bemerkte Nikolas: „Wenn man so in die Gassen blickt, kann ich mir gut vorstellen, wie früher hier die Nachtwächter durchliefen.“

Papa lachte. „Da liegst du gar nicht so falsch. In Arnsberg wird sogar eine solche Nachtwächterführung angeboten. Das sollten wir uns unbedingt fürs nächste Mal merken, wenn wir wieder in die Gegend kommen.“

„Unbedingt. Hier im Sauerland war es so schön!“, bestätigte Lilly.

– Ende –

Spielplatz auf dem Eibel und Wildgehege

Zum Eibel 26, 59889 Eslohe
www.heimatliebesauerland.de/spaziergang-wenholthausen

Erlebnisaufzug Burg Altena

Lennestraße 45, 58762 Altena
02352/5489897
www.erlebnisaufzug.de

Burg Altena & Museen der Burg Altena

Fritz-Thomee-Straße 80, 58762 Altena
02352/9667034
www.maerkischer-kreis.de/kultur-freizeit/burg-altena/index.php

Deutsches Drahtmuseum

Fritz-Thomee-Straße 12, 58762 Altena
02352/9667034
www.maerkischer-kreis.de/kultur-freizeit/deutsches-drahtmuseum/index.php

Erlebnisberg Kappe

Kapperundweg, 59955 Winterberg
02981/9296433
www.erlebnisbergkappe.de

AVENTURA Der SpielBerg
Hasenkammer 101, 59964 Medebach
02982/9218610

Parkplatz
Am Bromberg, 59964 Medebach
www.aventura-medebach.de

Dechenhöhle mit Deutschem Höhlenmuseum
Dechenhöhle 5, 58644 Iserlohn
02374/71421
www.dechenhoehle.de

Felsenmeer Hemer und SauerlandPark
Deilinghofer Straße, 58675 Hemer
sauerlandpark-hemer.de/park/fuer-naturliebhaber/felsenmeer/

Sorpesee Schifffahrt

Anlegestellen:	Seestraße 28 59846 Sundern 0170/8050145	Zum Sorpedamm 9 59846 Sundern

www.personenschifffahrt-sorpesee.de

Museum Haus Hövener
Am Markt 14, 59929 Brilon
02961/9639901
www.haus-hoevener.de

Waldfreibad Gudenhagen
Am Waldsee 1, 59929 Brilon
02961/8627
www.brilon.de/kultur-freizeit-tourismus/hallen-und-freibaeder/waldfreibad-gudenhagen

Bootsverleih Biggesee
Strandweg 2, 57462 Olpe-Sondern
0171/2848833
bootsverleih-biggesee.de/

Aussichtsplattform Biggeblick
Waldenburger Bucht 11, 57439 Attendorn
www.attendorn.de/Stadtinfo-Tourismus/Tourismus/Ausflugsziele/Biggeblick

Sauerländer Besucherbergwerk Ramsbeck
Glück-Auf Str. 3, 59909 Bestwig
02905/250
www.sauerlaender-besucherbergwerk.de

FORT FUN Abenteuerland
Aurorastraße 50, 59909 Bestwig (Wasserfall)
02905/810
www.fortfun.de

Lörmecke-Turm
59581 Warstein
www.sauerland.com/Media/Attraktionen/Loermecke-Turm#/article/94b87b13-24b2-49ff-bedd-be5b1640edc0

Bilsteintal mit Wildpark und Bilsteinhöhle
Im Bodmen 54, 59581 Warstein
02902/2731
www.bilsteintal.de/Wildpark.html

Lauschgeist
Habbeckestraße 16–18, 59889 Eslohe

Ehmsendenkmal
Flüsterhäuschen und Eichholz
Laurentiusstraße 15, 59821 Arnsberg
02931/4055
www.arnsberg-info.de/geschichte/sehenswuerdigkeiten/ehmsendenkmal

Schlossruine Arnsberg
Schloßstraße 99, 59821 Arnsberg
02931/4055
www.arnsberg-info.de/geschichte/sehenswuerdigkeiten/schlossruine-arnsberg

Außerdem bei Biber & Butzemann

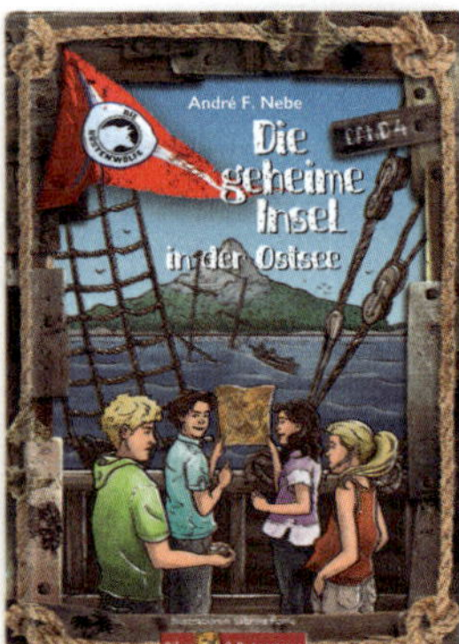

Kerstin Groeper / Steffi Bieber-Geske
ABENTEUER IN OSTFRIESLAND
LILLY, NIKOLAS UND DIE LIKEDEELER
Mit Illustrationen von Rebecca Salzmann
Biber & Butzemann

ABENTEUER IM OLDENBURGER LAND
LILLY UND NIKOLAS AUF DER SUCHE NACH DEM KLIMASCHATZ
Birgit Hedemann
Biber & Butzemann

ABENTEUER AUF NORDERNEY
MIT JUIST UND LANGEOOG
Lilly, Nikolas und die Flaschenpost
Monika Wolf
Illustrationen von Sabrina Pohle
Biber & Butzemann

Luisa Hartmann
Ziemlich beste Ferien
ABENTEUER AUF SPIEKEROOG
Illustrationen von Sabrina Pohle
Biber & Butzemann

Luisa Hartmann
Ziemlich beste Ferien 2
ABENTEUER AUF LANGEOOG
Illustrationen von Sabrina Pohle
Biber & Butzemann

GEHEIMNIS IM KNIEPSAND
LILLY UND NIKOLAS AUF AMRUM
Andrea Nesseldreher
Biber & Butzemann

ABENTEUER AUF SYLT
Lilly, Nikolas und die Leuchtturm-Detektive
Kerstin Groeper
Biber & Butzemann

Nicole Grom
DAS GEHEIMNIS VON RUNGHOLT
Lilly und Nikolas in Eiderstedt
Mit Dithmarschen, Hooge und Pellworm
Biber & Butzemann

Nicole Grom / Steffi Bieber-Geske
ABENTEUER IM LAND DER WIKINGER
LILLY UND NIKOLAS UNTERWEGS ZWISCHEN SCHLESWIG, KIEL UND FLENSBURG
Biber & Butzemann

ABENTEUER ZWISCHEN
KYFFHÄUSER UND WESTHARZ
Jörg F. Nowack
von Sabrina Pohle
Biber & Butzemann

Elisabeth Schieferdecker
Das Geheimnis der Raubritterburg

ABENTEUER AUF RØMØ
Lilly, Nikolas und der Bunkerschatz
Birgit Hedemann
Mit Illustrationen von Sabrina Pohle
Biber & Butzemann

Miriam Schaps
EIN SOMMER IN SCHWEDEN
Illustrationen von Manja Adamson
Biber & Butzemann

SANDRA LEHMANN
MATTI UND MAX
ABENTEUER AUF KRETA
Biber & Butzemann

SANDRA LEHMANN
MATTI UND MAX
ABENTEUER IN NEW YORK
Biber & Butzemann

SANDRA LEHMANN
MATTI UND MAX
ABENTEUER IN BERLIN
Biber & Butzemann

SANDRA LEHMANN
MATTI UND MAX
ABENTEUER IN PARIS
Biber & Butzemann

Silke Böttcher
DAS ERBE DES ALCHEMISTEN
ABENTEUER AUF DER PFAUENINSEL
Illustrationen Rebecca Mönch
Biber & Butzemann

ABENTEUER AN DER MECKLENBURGISCHEN SEENPLATTE
Kerstin Groeper
BETRETEN VERBOTEN
Lilly, Nikolas und die verbotene Insel
MÜRITZ
Biber & Butzemann

Steffi Bieber-Geske
SCHATZSUCHE IN BERLIN UND BRANDENBURG
Illustrationen von Sabrina Pohle
LILLY, NIKOLAS UND DAS GEHEIMNIS DES WELTREISENDEN
Biber & Butzemann

ABENTEUER IM SPREEWALD
Steffi Bieber-Geske / Nicole Grom
LILLY, NIKOLAS UND DAS GEHEIMNISVOLLE TAGEBUCH
Mit Illustrationen von Claudia Meinicke
Biber & Butzemann

ABENTEUER RUND UM DRESDEN UND DAS ELBSANDSTEINGEBIRGE
Lilly, Nikolas und die Schätze der Könige
Juliane Jacobsen
Mit Illustrationen von Sabrina Pohle
Biber & Butzemann

ABENTEUER IM ERZGEBIRGE
Lilly und Nikolas im Weihnachtsland
Elisabeth Schieferdecker und Steffi Bieber-Geske
Mit Illustrationen von Sabrina Pohle
Biber & Butzemann

ABENTEUER IN DER OBERLAUSITZ
Judith Schreiter
LILLY, NIKOLAS UND DIE GEHEIMNISVOLLEN FREMDEN
Biber & Butzemann

Abenteuer rund um Heidelberg und Odenwald
Lilly, Nikolas und ein Alpaka auf Abwegen
Teresa A. K. Kaya
Illustrationen von Liuba Lebedeva
Biber & Butzemann

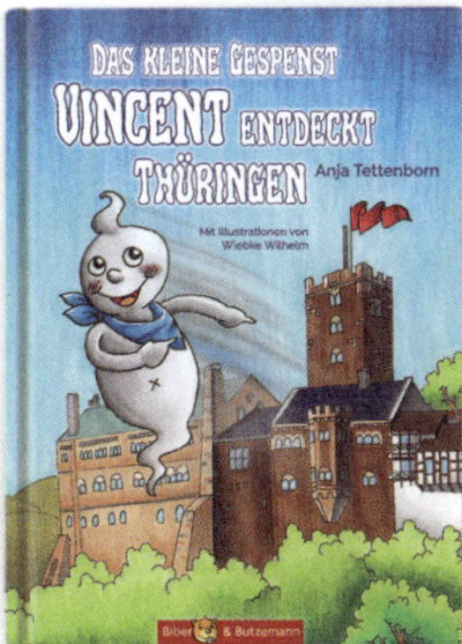
DAS KLEINE GESPENST VINCENT ENTDECKT THÜRINGEN
Anja Tettenborn
Mit Illustrationen von Wiebke Wilhelm
Biber & Butzemann

Anja Tettenborn
DAS KLEINE GESPENST VINCENT ENTDECKT DIE RHÖN
Biber & Butzemann

ABENTEUER ZWISCHEN NORDEIFEL UND AACHEN
Lilly und Nikolas auf der Suche nach dem schwarzen Gold
Miriam Schaps
Illustrationen von Sabrina Pohle
Biber & Butzemann

Miriam Schaps
ABENTEUER IM RUHRGEBIET
LILLY, NIKOLAS UND DAS BERGMANNS-TAGEBUCH
Biber & Butzemann

ABENTEUER AM TEUTOBURGER WALD
LILLY UND NIKOLAS AUF DER SUCHE NACH DEN VERFLIXTEN WÖRTERN
Miriam Schaps
Biber & Butzemann

Solveig Ariane Prusko
SCHERBEN-RÄTSEL UND DER MANN AUS DER VERGANGENHEIT
LILLY UND NIKOLAS IM WESTERWALD
Biber & Butzemann

MÄUSEJAGD IN DER PFALZ
LILLY, NIKOLAS UND DIE VERSCHWUNDENEN BRONZENÄGER
Carola Jürchott
Biber & Butzemann

Andrea Nesseldreher
DIE KRONE DER LORELEY
LILLY UND NIKOLAS IM MITTELRHEINTAL
Biber & Butzemann

Andrea Nesseldreher
FILMREIFE FERIEN AN DER LAHN
LILLY UND NIKOLAS IN MITTELHESSEN
Biber & Butzemann

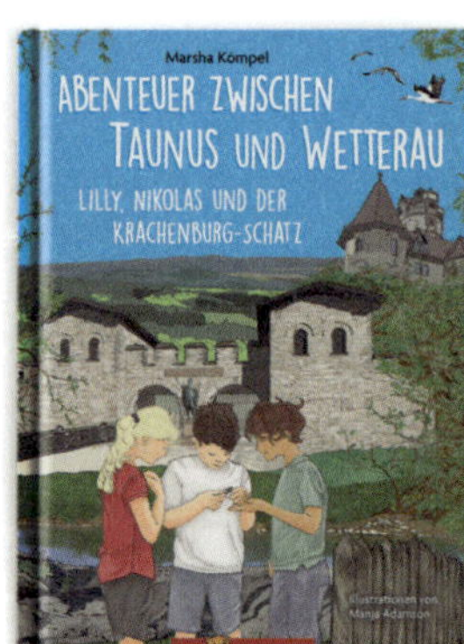
Marsha Kömpel
ABENTEUER ZWISCHEN TAUNUS UND WETTERAU
LILLY, NIKOLAS UND DER KRACHENBURG-SCHATZ
Biber & Butzemann

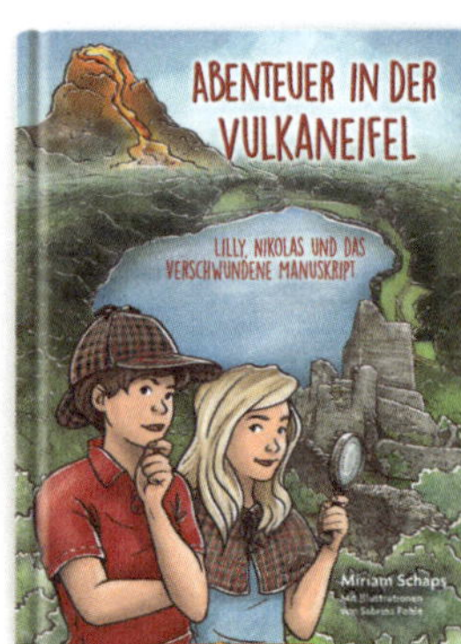
ABENTEUER IN DER VULKANEIFEL
LILLY, NIKOLAS UND DAS VERSCHWUNDENE MANUSKRIPT
Miriam Schaps
Biber & Butzemann

Zahlreiche weitere Ferienabenteuer aus ganz Deutschland und darüber hinaus findet ihr auf www.biber-butzemann.de.

Die Autorin

Tanja Klose Jahrgang 1984, kommt aus dem Land der Tausend Berge, dem Sauerland. Sie schrieb schon in Kindertagen Kurzgeschichten und blieb dem Schreiben später auch beruflich treu. Zwischenzeitlich lebte sie in der Domstadt Köln, nach 15 Jahren Stadtleben zog es sie allerdings zurück aufs Land. Seit 2020 lebt sie mit ihrer Tochter wieder im Sauerland. Sie liebt das Draußensein in der Natur, die Heimat zu erkunden und das Reisen. Ihre Leidenschaften vereint sie auf ihren Blogs.
www.taklyontour.de
www.familienreisefieber.de

Die Illustratorin

Sabrina Pohle, Jahrgang 1984, entdeckte in ihrer frühen Jugend ihr Interesse am Zeichnen, aus dem sich über die Jahre eine Leidenschaft für Illustration und sequenzielle Kunst entwickelte. Sie experimentierte zunächst viel mit traditionellen Maltechniken und Materialien wie Aquarell, Kohle und Pastellkreiden. Seit einiger Zeit nutzt die Mutter eines Sohnes auch digitale Medien, um ihre Werke zu erstellen. Die studierte Japanologin arbeitet als freiberufliche Illustratorin in Hamburg und hat bereits zahlreiche Kinderbücher illustriert.
www.splinteredshard.com